MICROBIOTA Y ALIMENTACIÓN CONSCIENTE

Aprende a alimentarte de forma inteligente

Rocío Marina López (@Roma_5.0)
Dr. Ramón de Cangas

OBERON

Diseño de cubierta
Celia Antón Santos

Maquetación
Eduardo Cobo Jurado

Responsable editorial
Eva Margarita García

Reservados todos los derechos. El contenido de esta obra está protegido por la Ley, que establece penas de prisión y/o multas, además de las correspondientes indemnizaciones por daños y perjuicios, para quienes reprodujeren, plagiaren, distribuyeren o comunicaren públicamente, en todo o en parte, una obra literaria, artística o científica, o su transformación, interpretación o ejecución artística fijada en cualquier tipo de soporte o comunicada a través de cualquier medio, sin la preceptiva autorización.

Copyright imágenes del interior: © 2022 iStockphoto LP/ Getty Images

© EDICIONES OBERON (G. A.), 2022
Juan Ignacio Luca de Tena, 15. 28027 Madrid
Depósito legal: M. 2808-2022
ISBN: 978-84-415-4542-7
Printed in Spain

PAPEL DE FIBRA CERTIFICADO

A Isabel Jiménez Girón, Mario Rey de Landáburu
y, especialmente, a Manuela Antón Hita.

AGRADECIMIENTOS

Deseamos expresar nuestro más sincero agradecimiento a Isabel Jiménez Girón, Mario Rey de Landáburu y, especialmente, a Manuela Antón Hita por sus valiosas aportaciones críticas y creativas, por su maravillosa disposición y apoyo a la hora de sumar en nuestra ardua tarea de exploración y recopilación de novedades científicas y estudios recientes de gran valor para el desarrollo de este libro. Su ilusión, dedicación y actitud proactiva han facilitado y endulzado, sin duda, el proceso de creación. Muchas gracias.

Índice

Pág. 9 — PRÓLOGO, POR VERÓNICA GONZÁLEZ VIRGIL

Pág. 13 —¡Microbiota consciente!

Pág. 21 — ¿Qué es la microbiota intestinal?

Pág. 30 — Think outside the box. ¡Abre tu mente y conecta tu cuerpo!

    Pág. 32 — Compasión & autocompasión

    Pág. 34 — Cómo empezar a practicar mindfulness

    Pág. 37 — Práctica informal

    Pág. 38 — Desmitificando algunas ideas básicas sobre la práctica del mindfulness

    Pág. 41 — ¡Rompe el patrón de pensamientos!

    Pág. 43 — Tu atención es lo que cuenta

    Pág. 43— Sistema de activación reticular o sistema de activación ascendente

    Pág. 46 — De la atención al mindfulness

Pág. 49 — Mindfulness. Qué es y para qué

    Pág. 51 — Orígenes del mindfulness

    Pág. 52 — Historia del mindfulness

    Pág. 55 — Principales investigadores

    Pág. 57 — Beneficios del mindfulness

Pág. 61 — Meditación y microbiota

Pág. 65 — Microbiota y sistema inmune

Pág. 68 — Eje intestino-cerebro

    Pág. 68 — Historia

    Pág. 69 — Vías de actuación

    Pág. 71 — Eje intestino-cerebro y nervio vago

    Pág. 72 — Otros datos interesantes

Pág. 73 — Microbiota cerebral

    Pág. 73 — ¿Microbiota cerebral?

    Pág. 76 — ¿Somos libres a la hora de elegir alimentos?

    Pág. 77 — Microbiota y saciedad

Pág. 78 — **El sueño y la dieta**
    Pág. 78 — La relación entre el sueño y la dieta
    Pág. 79 — Relación con el peso corporal y la salud
    Pág. 79 — Homeostasis hormonal del hambre y saciedad
    Pág. 80 — ¿Qué ocurre si estamos intentando adelgazar pero no dormimos bien?
    Pág. 80 — El rol de la ansiedad
    Pág. 80 — Problemas de salud asociados
    Pág. 81 — Efectos de la dieta en la calidad del sueño
    Pág. 84 — Participación de la microbiota en la calidad del sueño
    Pág. 84 — Alimentos que pueden promover el sueño
    Pág. 85 — Otras soluciones para mejorar la calidad del sueño
    Pág. 86 — En resumen...

Pág. 87 — **Microbiota y ritmos circadianos**

Pág. 89 — **Canalizando cambios**

Pág. 93 — **Coaching nutricional**
    Pág. 93 — ¿Qué es el coaching nutricional y para qué se utiliza?
    Pág. 96 — Aclaraciones importantes
    Pág. 97 — ¿Cómo me ayudo?
    Pág. 100 — Propósito

Pág. 103 — **El tiempo del ahora**
    Pág. 103 — El momento perfecto es ¡ahora!
    Pág. 106 — Objetivo inspirador
    Pág. 108 — ¿Cómo puedes trabajar tú la intención?

Pág. 116 — **¿Culpa o responsabilidad?**

Pág. 125 — **Autoestima**
    Pág. 129 — Tips básicos para trabajar la autoestima
    Pág. 131 — Tu histórico de éxitos

Pág. 134 — **Primeros pasos**
    Pág. 136 — Bocado a bocado

Pág. 141 — **Motivación**
    Pág. 142 — ¿Qué sucede con la obesidad en tiempos del Covid-19?

Pág. 147 — **Emociones y alimentación**
    Pág. 155 — Alimentación emocional
    Pág. 156 — Tips/recomendaciones

Pág. 159 — **Emociones y microbiota**

Pág. 162 — **Estrés y microbiota**
 Pág. 162 — Estrés y emociones

Pág. 170 — Microbiota y enfermedades
 Pág. 170 —Microbiota y enfermedad inflamatoria intestinal
 Pág. 170 — Síndrome del intestino irritable
 Pág. 171 — Enfermedad celíaca
 Pág. 176 — ¿Qué ofrecerles a nuestras bacterias?
 Pág. 178 — Bacterias y Parkinson
 Pág. 180 — Cáncer y microbiota
 Pág. 181 — Esteatosis hepática alcohólica y bacterias

Pág. 182 — Más microbiota: curiosidades
 Pág. 182 — Microbiota y cavidad oral
 Pág. 185 — Microbiota cutánea
 Pág. 187 — Microbiota íntima
 Pág. 188 — Huesos y microbiota

Pág. 190 — Rendimiento deportivo y bacterias

Pág. 194 — La microbiota y el peso

Pág. 196 — La microbiota varía con la edad

Pág. 198 — Envejeciendo con la microbiota

Pág. 202 — Asertividad & resiliencia

Pág. 206 —BIBLIOGRAFÍA

PRÓLOGO

He de comenzar confesando que cuando Ramón de Cangas comentó que iba a escribir este libro con Rocío M. López me llevé una gran alegría personal, así que cuando me habló de escribir estas líneas no puede sentirme más honrada y halagada. En los últimos años, mi día a día transcurre tratando de trasladar conocimiento científico nutricional a la vida real, haciéndoles entender a nuestros fantásticos investigadores que, para que sus extraordinarios avances tengan verdadero impacto en las personas, hay que conjugarlos con su vida diaria. Parece de sentido común, ¿verdad? La realidad es que, normalmente, la parte psicológica, tan determinante en relación con la nutrición, es una gran olvidada en los estudios científicos habitualmente enfocados en aspectos muy concretos y sin una visión global.

Nos encontramos en plena Tercera Transición Nutricional, en la que están aconteciendo números rápidos cambios. Inicialmente, la nutrición tradicional se basaba en enfoque «lo mismo para todos», pero cada persona es diferente y adaptarse a una dieta y cambiar de repente todos nuestros hábitos puede ser complicado, y si además las sugerencias no nos gustan, es muy probable que antes o después terminemos arrojando la toalla o surja el desagradable «efecto rebote». ¿Les resulta familiar?

Afortunadamente, gracias a la investigación, la experiencia y los avances tecnológicos, se ha puesto de manifiesto que hay otro camino más eficaz. Cada persona es diferente y, por tanto, sus necesidades también lo son. No solo necesidades nutricionales, sino también sus hábitos y estilo de vida y, para alcanzar un bienestar real, sostenible en el tiempo, es necesario encontrar un equilibrio entre ambos. En eso se basa la nutrición personalizada o lo que nuestros autores han denominado «Microbiota Consciente».

Hace pocos años, comenzamos a oír a hablar de microbiota y a tener indicios de que nuestro colon es el lugar más importante para la mejora de la eficiencia de la recolección de energía de los alimentos e influye en la síntesis, la biodisponibilidad y la función de los nutrientes. El estado actual de la técnica establece claramente que la microbiota intestinal tiene una gran influencia en la salud humana. El entorno, el estilo de vida y la dieta son los factores críticos que determinan la configuración de la microbiota intestinal, mientras que la genética parece desempeñar un papel menor. Hoy sabemos que los efectos de la dieta en la microbiota intestinal pueden producirse a corto y largo plazo, que puede ser modificada por la dieta o de su papel determinante en algunas patologías (por ejemplo, tanto la enfermedad celíaca como las alergias alimentarias pueden mejorarse restaurando la diversidad de la microbiota diversidad de la microbiota intestinal). Por todo ello, la microbiota será uno de los principales componentes de la reorientación de esta Tercera Transición Nutricional y un elemento clave en la nutrición personalizada del futuro.

Todo esto significa un gran avance, pero ¿cómo lo trasladamos a nuestra vida diaria? Porque no nos alimentamos de cifras de nutrientes calculados en un ordenador.... La realidad es una vida llena de prisas, días de mejor o peor humor, momentos de tristeza y alegrías, con mucho tiempo fuera del hogar, con una gran variedad de alimentos a nuestra disposición, donde los procesados ocupan cada vez más espacio y, además, estamos influenciados por el entorno que nos rodea (marketing alimentario, redes sociales...). Un tiempo en que como consumidores disponemos de cantidades ingentes de información, pero en el que también resulta complicado conocer su veracidad y se genera enorme confusión. Resulta paradójico que el consumidor se encuentre más perdido que nunca en la era de la información, ¿no les parece?

En este punto, donde conocemos los requerimientos de nuestro organismo desde una perspectiva biológica, es donde la educación nutricional y la gestión de nuestras emociones resultan clave para poder darle a nuestro cuerpo lo que precisa. Los malos hábitos de vida actuales son responsables de la mayor parte de las enfermedades que hoy nos afectan y la alimentación consciente intenta ayudarnos a mejorar la forma en que comemos e implica una nueva relación con nosotros mismos. Por todo ello, la «Microbiota Consciente» que se propone en esta lectura no podría ser más acertada y necesaria.

Muchas veces no somos conscientes de nuestro comportamiento con la comida y su impacto en nuestra salud. Tenemos relaciones de culpabilidad tras tomar determinados alimentos, utilizamos la comida como vehículo de premio o castigo, tratamos de manipular emociones con alimentos comiendo por ansiedad o tristeza o nos vemos influenciados por estímulos externos que nos disparan el hambre a través de olores, visualizaciones... No es coincidencia que el neuromarketing sea utilizado por la mayor parte de la industria alimentaria y de restauración.

La alimentación consciente intenta desarrollar en nosotros el comportamiento contrario, es decir, promueve la autorregulación y el autoconocimiento, rescatando señales internas que tenemos olvidadas y volviendo más «racional» y menos automático el comer actual.

Quizá pueda parece algo complicado de abordar, pero créanme que no lo es. No es algo de un día para otro, ningún cambio radical es sostenible, pero a través de sencillas pautas y progresivamente iremos desarrollando en nosotros la capacidad de ajustar en la medida de lo posible lo que comemos a las necesidades del cuerpo. Sin evitar aquellos momentos placenteros vinculados a la alimentación, sin que nuestra vida social se resienta, ganaremos en salud y calidad de vida.

La clave de una alimentación saludable es la adquisición de unos buenos hábitos: actividad física y una buena relación con la comida, mantenida a lo largo del tiempo, en los que la vida social y los «caprichos» también tienen cabida.

En mi opinión, la clave del éxito de este libro es la experiencia de los autores. El trato diario con pacientes o clientes, con sus particularidades personales, es la mejor escuela. Sus largos años de bagaje les han dado una visión y aprendizaje imposible de obtener por otra vía y les agradezco enormemente que hayan encontrado el tiempo y la ilusión para compartir sus conocimientos a través de este fascinante libro. Animo a los lectores a activar sus sentidos y cuidar su salud. Seguro que esta lectura será una herramienta de gran ayuda y una muy buena aportación como conocimiento veraz, práctico y consciente.

Verónica González Vigil

CEO de Gestion de Salud y Nutrición. Miembro de Consejo de Administración del Consorcio de Proyecto Stance4Health. Colaboradora en distintos proyectos de investigación en materia de nutrición y salud. Coordinadora general del proyecto i-Diet. WP3 Leader del Proyecto Internacional Stance4Health, a cargo del desarrollo de la App y el SPN System.

¡MICROBIOTA CONSCIENTE!

> «No puedo enseñar nada a nadie,
> solo les puedo hacer pensar»
> **Sócrates**

A lo largo de este libro, tendrás la oportunidad de conocer un mundo fascinante en relación a los microorganismos que cohabitan dentro de ti, cómo se relacionan y cómo hacen que tu cuerpo funcione cada día. Estos microorganismos se encuentran en tu cerebro, en tu boca, en tu intestino… E intervienen en el funcionamiento de tu sistema digestivo, inmunológico, endocrino… y, por consiguiente, en la calidad de tu sueño, en tu rendimiento físico, en tus estados de ánimo, en cómo envejeces, en tus tomas de decisiones, etc. A continuación, abrimos la puerta a un mundo oculto bajo tu piel, donde cohabitan infinidad de microorganismos haciendo posible que tú puedas experimentar la magnificencia de la vida a cada instante.

Haremos un pequeño recorrido turístico por algunas partes clave del cuerpo con la finalidad de conocer cómo funciona esta microbiota (comunidad de microorganismos), en su conjunto, y la manera en la que influye en los diferentes sistemas de nuestro cuerpo. De este modo, comprenderás la importancia vital que tienen algunas de nuestras elecciones diarias y cómo podemos llegar a alterarlas, de tal manera, que podamos cambiar los aspectos más importantes de nuestra vida.

Nuestra salud física y emocional dependen de ello y es por lo que te proponemos una amplia comprensión sobre su funcionamiento para que puedas tomar las mejores decisiones. Te invitamos a que practiques lo que hemos denominado una «Microbiota Consciente» con el propósito de que tu cuerpo funcione de un modo equilibrado, regulado y óptimo.

Para ello, te sugerimos tomar consciencia de la relación que mantienes con tu organismo, el modo en el que lo alimentas, cómo conectas con tus necesidades y la manera en la que regulas «su química», entre otros muchos aspectos. Y te facilitamos algunas herramientas y metodologías propias del coaching, las cuales se combinan, en muchos casos, con el mindfulness (atención plena), con el objetivo de llevar a la práctica lo que hoy se conoce como alimentación consciente o «mindful eating», pero con el añadido de reconocer el impacto que estos organismos microscópicos tienen en todo ello. Sin duda, la **Microbiota Consciente suma una importante particularidad a nuestra manera de entender y practicar el autocuidado de nuestro cuerpo y mente.**

Un concepto que puede parecer un tanto novedoso, pero que en realidad es bastante intuitivo y supone la base de cualquier alimentación y vida saludables. Por supuesto, tendrás la oportunidad de irlo descubriendo, paso a paso.

Tan importante es saber elegir los alimentos que vamos a comer como la forma en la que los conservamos, cocinamos y la manera en la que los ingerimos. Los nutrientes son imprescindibles para que nuestro cuerpo funcione óptimamente, pero parece que estamos olvidando el propósito real de alimentarnos. La manera en la que, en los últimos tiempos, nos relacionamos con la comida, está generando graves problemas de salud en «las sociedades más desarrolladas» y, lo que es cada vez más preocupante, entre la población más joven, donde los niños empiezan a tener un peligroso protagonismo.

Plantear un modelo de alimentación saludable, una manera de alimentación consciente, en definitiva, cuidar de nuestra salud, es imprescindible. Para ello, contar con información veraz, con base científica real, a la hora de elegir los alimentos que vamos a comer y cómo los vamos a integrar en nuestra rutina de alimentación es vital. Tenemos que dejar de creer «cualquier cosa» que se exponga en redes sociales o páginas webs por populares que nos parezcan las personas que lo exponen o lo atractivo que nos resulten los resultados inmediatos que prometen. No nos autoengañemos con discursos halagüeños de **dudosa veracidad** y frases e imágenes «marketirianas» desprovistas de fundamento en criterios de salud real. De eso también trata la «Microbiota Consciente»: **veracidad, rigor y conciencia en la propagación y consumo de la información sobre nutrición y autocuidado.**

A su vez, es importante puntualizar que muchas personas relacionan el hecho de «empezar a comer bien» con iniciar una dieta, la cual suele ir ligada a ciertas restricciones, el recuento de kilocalorías, la prohibición de ciertos alimentos (a los que empezamos a considerar «malos»), la búsqueda por Internet de «trucos» y «recomendaciones» que acaban resultando ser una recopilación incoherente de «mitos alimentarios», desprovistos de cualquier base ni criterio científico por más que se hayan popularizado por los canales de comunicación.

Tampoco se trata de recopilar artículos científicos de forma compulsiva ni de obsesionarnos con la aportación nutricional de cada alimento que vamos a ingerir en cada comida. Se trata más bien de comprender que «comer bien» tiene más que ver con **aprender a nutrirnos de forma inteligente y efectiva en base a nuestras características físicas y nuestras necesidades reales**. Necesidades tales como nuestros horarios, las veces que podemos cocinar y comer en casa, y las que no, nuestro ritmo de vida, la actividad física que hacemos a lo largo del día, nuestras responsabilidades familiares y sociales, nuestros gustos y apetencias y, en definitiva, **nuestra vida real**. Y, por supuesto, en relación a nuestra microbiota intestinal, aspecto nada desdeñable, como tendremos oportunidad de descubrir, a lo largo de estas páginas.

Y es que, como apuntábamos, de nada sirve poner en práctica una dieta que promete resultados de ensueño si no se ajusta a las **necesidades de nuestro organismo físico o las circunstancias reales que vivimos** en nuestro día a día. Al final, lo más importante es la **adherencia, la integración, de hábitos que cuiden de nuestra salud física y que nos permitan disfrutar de una buena calidad de vida**.

Tengamos en cuenta que disfrutar de una «buena calidad de vida» no pasa por estar pesándonos cada día, controlando las kilocalorías, pasar hambre o estar de malhumor a causa del estrés negativo que nos produce el estar manteniendo una «falsa idea de control» en relación a la alimentación. Y todo ello bajo la absurda creencia de que debemos «pasarlo mal para obtener un buen resultado». Nada más lejos de la auténtica y sana realidad. Se trata, más bien, de **resignificar el proceso de empezar a comer saludablemente, entre otras muchas cosas**.

Evidentemente, tomar **responsabilidad sobre nuestro autocuidado** es una cuestión importante, ya que es el primer paso si deseamos gozar de buena salud y obtener una buena calidad de vida. Nuestro día a día define nuestros éxitos y, por tanto, también nuestros fracasos. Quien ha conseguido cosechar algunos éxitos a lo largo de su vida, quien más y quien menos, sabe que **la constancia lo es todo**. Por supuesto, siempre hay «golpes de suerte», al igual que hay genéticas envidiables, pero no olvidemos que ni un «golpe de suerte» es la causa de todo el éxito que consigamos ni una genética extraordinaria nos garantiza una salud de hierro si no hay una base de autocuidado y responsabilidad hacia nuestro organismo, de forma constante. Recordemos, en este punto, el importante valor de la epigenética.

Del mismo modo, la manera en la que nos hablamos, las palabras y las acciones que nos dedicamos cuando nadie nos ve ni nos escucha tienen un gran efecto en nosotros. Y es que la mente también se alimenta de palabras, de pensamientos… No es ningún secreto que, según estudios científicos, las personas podemos llegar a tener en torno a **60 000 pensamientos al día**. Tengamos en cuenta que no se trata de aparentar que nos cuidamos o que estamos sanos, se trata de hacerlo de manera auténtica.

Las palabras que empleamos al hablarnos, al igual que el tipo de comida que ingerimos, acaban influyendo en nuestros estados de ánimo. Además, ¿te has dado cuenta de las voces que tienen esos pensamientos?, ¿te has parado a preguntarte qué voz tienen y si sabrías identificarlas? Más adelante, tendremos la oportunidad de ahondar un poco más en esta y otras cuestiones relacionadas con la atención que damos a nuestro «ruido mental» o a las tan temidas «rumiaciones» y a cómo nos relacionamos con nuestro cuerpo y, en concreto, cómo lo hacemos a la hora de alimentarlo.

A lo largo de los años, hemos podido observar cómo algunas personas que deciden empezar a cuidarse a través de una mejor alimentación, haciendo ejercicio de forma más frecuente o evitando el consumo habitual de ultraprocesados, por ejemplo, empiezan a adoptar una postura muy rígida y determinante a la hora de plantearse cómo llevar a cabo sus buenos propósitos.

Por ejemplo, sorprende especialmente cómo ponen toda su atención e interés en destacar aquello que NO van a hacer más, los alimentos que ya NO van a consumir y los comportamientos que NO van a repetir a partir de ahora. Cuando, en realidad, esto es del todo contraproducente, ya que nuestra mente no puede pensar en «no comer una hamburguesa», «no comer un helado» o «no comer una patata frita más de la bolsa». Al pensar en «no comer un helado», es la evocación a la imagen del helado la que toma todo el protagonismo en el momento presente, ya que es a lo que está yendo nuestra atención y donde va nuestra atención va nuestra energía y esta crea nuestra realidad inmediata.

Consideramos que, en este caso, es bastante más interesante visualizarnos a nosotros mismos en positivo, comiendo o haciendo aquello que sabemos que nos acerca a nuestro objetivo. Y no solo esto, ya que sorprende ¡aún más! la manera en la que las personas pueden llegar a hablarse a sí mimas o tratarse cuando nadie más está presente. No es difícil imaginar que nos podamos dedicar alguna palabra no muy bonita, fruto de la frustración o impotencia de un momento concreto, cuando algo parece no cumplir nuestras expectativas. Si esto sucede de forma puntual no es tan importante, el problema reside cuando es un pensamiento recurrente, casi inconsciente, de nuestra manera de hablarnos habitualmente. Y es que la forma en la que nos hablamos tiene que ver con **nuestra autoestima** y, en consecuencia, en las decisiones que tomamos y el mundo que creamos fruto de esa toma de decisiones continuada, a veces, casi inconsciente. Por no hablar de cómo puede llegar a afectar a la química misma de nuestro propio cerebro y, a partir de ahí, en el resto de nuestro cuerpo.

Es más que evidente que cualquier cambio que se preste, en la vida de una persona, ya sea desde adelantar una hora el despertador por las mañanas a incorporar nuevos alimentos en nuestra dieta diaria, supone una cierta **incomodidad.** Una incomodidad que será mayor o menor en relación a la magnitud del cambio que se lleve a cabo. Y es que aquí juega un papel determinante **la neuroplasticidad** de nuestro cerebro. Es decir, nuestra capacidad para crear nuevas redes sinápticas o neuronales, lo que nos permite aprender cosas nuevas e implementar nuevas actividades en nuestro día a día.

Un ejemplo muy común que solemos poner a la hora de explicar en qué consiste la neuroplasticidad, de forma práctica, es el de «aprender a montar en bicicleta». Como sucede siempre que aprendemos algo nuevo, empezamos muy despacio. De hecho, el ir lento, al principio, garantiza tener éxito más rápido. Cuanta más atención pongas, inicialmente, casi seguro que irá más lento, pero eso, paradójicamente, acelera el proceso de aprendizaje.

Seguramente hayas escuchado alguna vez el refrán «vísteme despacio que tengo prisa», en este caso podríamos aplicarlo a la perfección. Es por ello que, cuando empezamos a aprender a montar en bicicleta, las primeras veces, estamos pendientes de mantener el equilibrio, de agarrar bien el manillar, de tener bien puestos los pies en los pedales y de pedalear mientras mantenemos la trayectoria evitando chocarnos con nada, por ejemplo. ¡Es tan nuevo que, a priori, nos parece imposible poder mantener el equilibrio mientras nos dirigimos a un punto específico! En cambio, una vez que aprendemos, a base de repetir y repetir, podemos llegar a soltar el manillar con una mano e, incluso, con ambas; mantener una conversación mientras pedaleamos o disfrutar del trayecto mientras llegamos a nuestro destino.

Como apuntábamos, esto es posible gracias a la **neuroplasticidad** de nuestro cerebro, pero para que esas nuevas redes neuronales se puedan crear óptimamente es necesaria la repetición, el aprendizaje en sí mismo y, por supuesto, la atención.

Y, volviendo al ejemplo de aprender a montar en bicicleta, una vez que hemos aprendido a manejarla podemos empezar a considerar dicha actividad como una experiencia placentera, y más aún si tenemos en cuenta sus beneficios: practicar una actividad física cardiosaludable, lo cual puede ser bueno para nuestro estado de salud. Además, gracias a ella, puedes disponer de un medio de transporte que es respetuoso con el medioambiente y también con el bolsillo si lo comparamos con un coche, por ejemplo. Además, podemos sentirnos integrados en nuestro círculo social, en el caso de que nuestros amigos también monten en bici. De todo ello disfrutamos una vez que hemos aprendido a manejar la bicicleta a la perfección, ¡claro está!, puesto que, al principio, recordemos que era bastante incómodo hasta que aprendimos y nos habituamos a conducirla.

Es por ello que cualquier mejora en nuestro estilo de vida debe considerarse como un cambio que debemos asumir de forma responsable, ya que va a suponer para nosotros una energía extra e, inevitablemente, vamos a experimentar una incomodidad palpable. Si no estamos comprometidos con nuestro deseo y no nos hacemos responsables de practicar hasta aprender a conducir de forma óptima la bicicleta, llegará un momento en que la «incomodidad» que supone la nueva actividad, lo diferente, el cambio en sí mismo, sea superior a nuestro deseo de aprender a manejarla y disfrutar de todos los beneficios que nos aporta dicha actividad.

Lo mismo sucede con los hábitos saludables en la alimentación y en nuestra vida; en general, si no estamos suficientemente comprometidos, si no hemos sopesado bien los beneficios y la inversión de recursos que supone, por nuestra parte, iniciar ese nuevo camino. Muy probablemente, acabemos abandonándolo antes de conseguir el objetivo. Por ello, es vital que el objetivo reúna ciertas características que, en coaching, se consideran importantes para garantizar el éxito. De hecho, las características para que un objetivo tenga potencial de éxito son: inspirador, concreto, viable, medible y, como siempre apuntaba el profesor **Juanma Pérez,** Master Coach de Develand, un objetivo, además, debe ser **ecológico.** Y hablamos de ecológico porque se trata de que cuide de uno mismo, que sea sostenible, y que no tenga un efectivo nocivo para el resto. El coaching es el arte de aportar claridad a la hora de reconocer necesidades y deseos, definir objetivos y elaborar planes de acción para cumplir con nuestros propósitos e intenciones.

Por todo ello, la labor del dietista-nutricionista y la del coach nutricional se combinan tan bien y pueden llegar a ser realmente efectivas. Más adelante, tendrás la oportunidad de conocer, si todavía no lo sabes, en qué consiste la labor de un coach nutricional. Pero, como nota aclaratoria en este punto, nos gustaría recalcar el hecho de que el coaching nutricional complementa, nunca sustituye, el conocimiento técnico del dietista-nutricionista, que es quien valora a su paciente y diseña la pauta nutricional más adecuada a su composición física, estado de salud general, intolerancias, alergias, vida social, vida laboral y otros hábitos diarios del paciente, mencionados anteriormente. El coach nutricional ofrece el apoyo y entrenamiento necesarios para lograr la motivación hacia el cambio en el estilo de vida de su cliente, ya que para el coach el paciente del dietista-nutricionista es su cliente, puesto que un coach no es un profesional de la salud como tal.

Como se define en **Nutritional Coaching Experts**: «El coaching nutricional es el proceso por el cual la persona identifica y vence sus obstáculos, crea el entorno adecuado y adopta la actitud y la determinación necesarias para conseguir el cambio en su alimentación, logrando, a su vez, mejorar otros aspectos de su persona y de su estilo de vida» (Fleta y Giménes, 2008).

Es un método de trabajo que ayuda a las personas a conseguir cambios y a modificar hábitos alimentarios y dietéticos que, por sí mismo, es difícil cambiar. El coach nutricional trabaja en equipo con el dietista-nutricionista, pero jamás elabora dietas o hace recomendaciones nutricionales. Esto último es algo que nos gusta recalcar.

Como sucede con el caso de los profesionales de la salud mental, un coach puede trabajar, mano a mano, con el profesional sanitario, pero jamás llevará a cabo una terapia o tratará una patología física o mental. Al igual que un dietista-nutricionista o el psicólogo, por el hecho de serlo, no tienen por qué tener las habilidades de un coach profesional ni disponer de la depurada técnica que precisa el coach para llevar a cabo su labor. Más adelante, tendrás la oportunidad de conocer, con algo más de detalle, en qué consiste y **para qué** es valioso el coaching en la adherencia de nuevos hábitos nutricionales y la puesta en práctica de la alimentación consciente, así como el efecto que esta última tiene en tu organismo, a todos los niveles y el papel que juega en todo ello la microbiota intestinal. **¡Por una Microbiota Consciente!**

¿QUÉ ES LA MICROBIOTA INTESTINAL?

Cuando se estudia el cuerpo humano y los microorganismos que viven en él en proporciones armónicas para mantener la homeostasis (equilibrio fisiológico del organismo) y el buen funcionamiento, se deben distinguir, entre otros términos, microbiota y microbioma. En palabras simples, la microbiota se define como la comunidad de microorganismos que ocupa un hábitat específico, mientras que el término de **microbioma** se enfoca en la función de estos microorganismos (microbiota) dentro de dicho entorno.

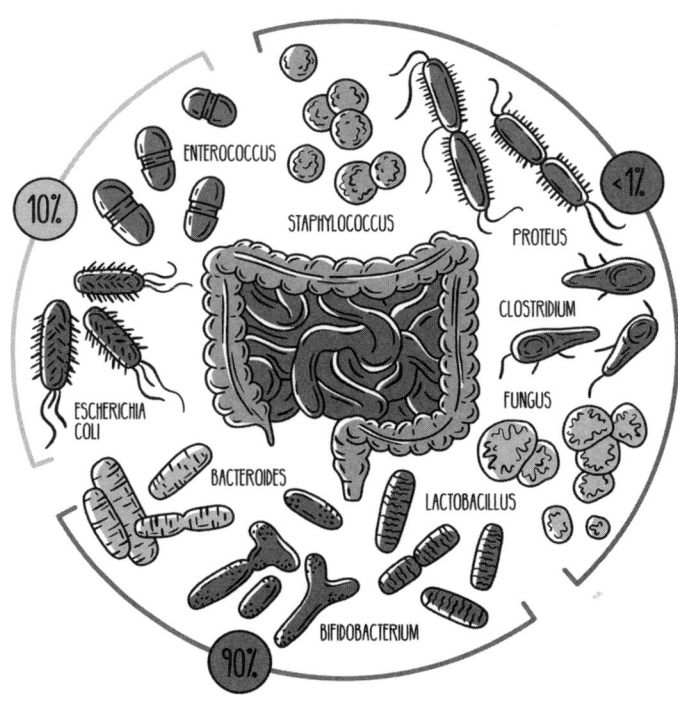

El término microbiota, llamado anteriormente flora, se refiere entonces a la comunidad de microorganismos vivos pertenecientes a un nicho ecológico determinado, como la piel o la superficie de las mucosas. La microbiota es esencial para la vida de los organismos superiores; de hecho, esta no podría existir en su ausencia. Por ende, la relación entre la microbiota y su entorno es mutualista en la mayoría de los casos; es decir, beneficiosa para los dos socios de la simbiosis.

En la microbiota, algunas especies de microorganismos son estables y otras transeúntes, donde la simbiosis puede convertirse en parasitaria si concurren circunstancias especiales, principalmente disfunciones de la respuesta inmunitaria.

Microbiota	Comunidad de microorganismos en un hábitat específico.
Microbioma	Microbiota y su función en dicho entorno.
Metagenoma	Total de genes de una comunidad de microorganismos.
Metaboloma	Total de metabolitos producidos por una comunidad de microorganismos.
Transcriptosoma	Cantidad de genes de transcripción en una comunidad de microorganismos.
Resistosoma	Reservorio de genes responsables de resistencia a antibióticos.
Probióticos	Microorganismos que se pueden ingerir y que tienen como fin algún efecto benéfico en el huésped.
Prebióticos	Nutrientes que favorecen el crecimiento de microbiota beneficiosa.
Simbiontes	Combinación de prebióticos y probióticos.
Patobiontes	Comensales del ser humano que bajo la influencia de un entorno adecuado pueden producir enfermedad.
Bacteriocinas	Péptidos antimicrobianos por bacterias.

Hay microorganismos en todo nuestro cuerpo (piel, boca, intestino...) pero una parte importante de ellos se encuentra en el tracto gastrointestinal.

El tracto gastrointestinal es una de las principales superficies de intercambio y comunicación entre el medio externo y el medio interno.

En el individuo adulto la mucosa gastrointestinal llega a alcanzar una superficie de 300 a 400 metros cuadrados (claro que esto es cuando se tiene en cuenta la superficie total, es decir, con las vellosidades desplegadas), y contiene estructuras y funciones (sensores, receptores, glándulas, secreciones, actividad mecánica, etc.) que están especializadas específicamente en el reconocimiento analítico y bioquímico de las sustancias que transitan por el tubo digestivo.

Sea como fuere, como resultado de la actividad del tracto gastrointestinal, la persona consigue dos importantes beneficios: *nutrición*, por la digestión y absorción de los nutrientes; y también *defensa*, por el reconocimiento de elementos extraños y el desarrollo de sistemas de prevención y rechazo de posibles agresiones desde el mundo exterior.

En los últimos tiempos la ciencia ha avanzado lo suficiente como para poder conocer a ciencia cierta que ambas funciones dependen no solo de las estructuras propias del tubo digestivo (barrera mucosa, glándulas secretoras, sistema inmune de las mucosas) sino también de la presencia y actividad de microorganismos que colonizan el intestino. En realidad, la microflora intestinal es un órgano más, perfectamente integrado en la fisiología del individuo. Los dos elementos funcionales (tubo digestivo y microbiota) son interdependientes y su equilibrio condiciona la homeostasis del individuo dentro de su entorno ambiental.

En 1683, Anton van Leeuwenhoek describió unos «animáculos» que había observado en el tracto gastrointestinal al microscopio, sin saber que era la primera vez que alguien describía una bacteria En 1861, Louis Pasteur descubrió las bacterias intestinales anaerobias.

El ucraniano y premio Nobel Ilya Metchnikov propuso a principios del siglo XX que las llamadas bacterias ácido lácticas ofrecían beneficios fisiológico y que de alguna maneras, eran capaces de favorecer una mayor longevidad.

Sin embargo, fue en el año 2001 cuando el científico y premio Nobel Joshua Lederberg utilizó el término microbioma. Además, el doctor Joshua Lederberg consideraba que estos microorganismos conformaban una unidad con nuestro propio organismo desde el punto de vista metabólico.

En el tracto gastrointestinal de los mamíferos existe una población microbiana muy diversa denominada microbioma o microbiota, que juega un papel importante en la salud, en la nutrición, el metabolismo, la protección contra patógenos y en el desarrollo del sistema inmunológico. Se estima que al menos 1000 especies bacterianas además de otras series de microorganismos cohabitan el tracto intestinal humano.

El desarrollo de la microbiota generalmente comienza antes del nacimiento y su alteración puede tener consecuencias adversas. Estudios recientes donde se han identificado comunidades bacterianas en meconio, líquido amniótico y placenta, concluyen que la colonización microbiana del intestino fetal comienza en el útero y continúa durante los primeros 2 años de vida, y que depende de múltiples factores, por ejemplo, dieta materna, estrés, exposición a antibióticos, modo de administración, tipo de alimentación (leche materna o fórmula), entre otros.

Una vez que ha tenido lugar el nacimiento, numerosos factores ambientales que incluyen el parto prematuro, el modo de parto (vaginal o cesárea), el uso de antibióticos y la dieta pueden desempeñar un papel importante en el desarrollo de la microbiota intestinal de los bebés. El hecho de que la leche humana contenga microorganismos es probable que tenga importantes implicaciones.

Aunque comúnmente se piensa que están relacionados con la enfermedad como patógenos, la mayoría de los microbios intestinales son comensales y simbiontes que proporcionan efectos beneficiosos en términos de nutrición, desarrollo del sistema inmunológico y maduración postnatal del intestino. Realizan funciones que no pueden ser realizadas por el propio anfitrión humano.

El número total de células bacterianas que residen en el intestino humano supera ampliamente el número de células huésped. Más de 3 millones de genes han sido identificados en esta microbiota, es decir, 100 veces más que nuestros propios genes humanos. Y aunque esto sea así, es curioso que la mayoría de la microbiota intestinal está restringida a 4 filos dominantes: Firmicutes, Bacteroides, Actinobacteria y Proteobacteria.

Los hallazgos de investigaciones recientes muestran que cuando ocurre una disbiosis (alteración en la composición de la microbiota), el resultado es con frecuencia una respuesta inflamatoria que puede afectar a todo el cuerpo. La disbiosis puede ser debida a baja ingesta de frutas y verduras, exceso de ingesta de proteína animal, estrés, baja ingesta de fibra, obesidad y sobrepeso, antibióticos...

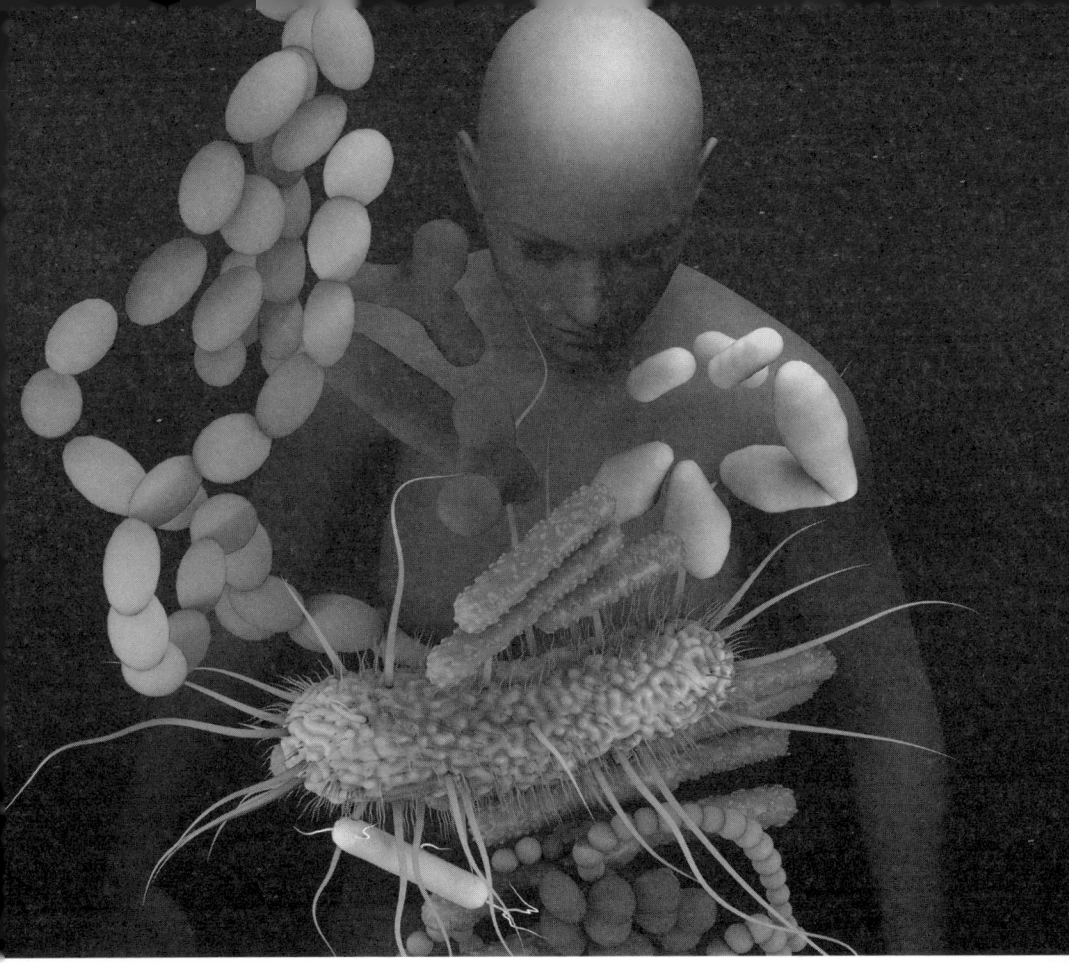

Pero, ¡ojo!, no solo la diversidad microbiana y la abundancia relativa de ciertos taxones desempeñan un papel en la disbiosis y la inflamación, sino también sus capacidades funcionales en términos de producción de metabolitos e interacción con el sistema inmunológico del huésped. Además, alteraciones en la permeabilidad intestinal pueden dejarnos expuestos.

THINK OUTSIDE THE BOX
¡Abre tu mente y conecta con tu cuerpo!

«Mindfulness», una palabra enigmática para muchos que guarda un significado poderoso.

El mindfulness cada vez está tomando más protagonismo en nuestras vidas, sobre todo si estamos comprometidos con nuestro autocuidado y bienestar. Un autocuidado que no se limita a los aspectos físicos, pero que está estrechamente vinculado al mismo, como veremos a continuación.

> «El dolor es inevitable,
> pero el sufrimiento es opcional»
> **Buda**

Precisamente, el mindfulness parte de las enseñanzas de Siddharta Gautama (Buda), quien tenía el deseo de liberar a los seres humanos del sufrimiento. Un príncipe que, como sabemos, abandonó a su familia y sus privilegios para ir «en busca de la verdad» y dedicar el resto de su vida a la medicina. No obstante, como tendremos la oportunidad de ver más adelante, el mindfulness no está vinculado a ninguna práctica o creencia religiosa, independientemente de sus orígenes e influencias.

El mindfulness, la atención plena, nos ayuda a tener una mejor respuesta emocional, siendo muy útil también en terapias psicológicas y en el tratamiento de enfermedades crónicas, e incluso en adicciones de todo tipo.

El mindfulness tiene como finalidad principal permitirnos estar más tiempo en el momento presente, lo cual nos facilita liberarnos de recuerdos negativos del pasado. ¿No te ha pasado que ciertos recuerdos o pensamientos parecen no tener otro propósito que generarnos turbación y malestar del todo innecesarios? Pues bien, esta técnica nos facilita renunciar a los archiconocidos pensamientos «en bucle», también llamados «rumiaciones», las cuales suponen un gran desgaste energético para nuestro cuerpo, llegando a producirnos una fuente sensación de «fatiga» y abatimiento. Además, el minfulness nos ayuda a no caer en suposiciones inquietantes sobre el futuro, acontecimientos inevitables o miedos irracionales, etc.

Según los expertos, las personas que practican mindfulness de forma habitual consiguen estar con mayor facilidad en «el ahora», en el momento presente, y dejar de sentirse excesivamente condicionados y limitados por el factor tiempo.

Algo tan simple y básico como incluir la atención plena en nuestra vida puede tener importantes efectos en nuestra salud y bienestar físico y emocional.

A continuación, presentamos algunos beneficios destacados si nos decidimos a incluir esta práctica en nuestras vidas:

- El mindfulness ayuda a que hagamos espacio para incorporar lo que deseamos a nuestra vida, nos ayuda a cambiar hábitos, a hacer mejoras. **Nos facilita incorporar «la pausa» a nuestros quehaceres diarios, a nuestro día a día. De ese modo, evitamos caer en el conocido «piloto automático».** Tengamos en cuenta que, si no somos conscientes de nuestro «piloto automático» a la hora de incluir cambios en nuestra vida, este puede estancarnos y generarnos una espantosa angustia.

  El estancamiento y la angustia generados pueden llegar a ser responsables de ciertas dolencias físicas, ya que es posible llegar a **somatizar** algunos de estos procesos emocionales si no aprendemos a regularnos y atendernos anímicamente.

Como hemos visto, la pausa resulta básica al incorporar nuevos hábitos a nuestra rutina o a la hora de aprender nuevos métodos. La pausa es necesaria para integrar con éxito cualquier actividad a nuestra vida e, incluso, para reconocer las estrategias que necesitamos actualizar o desechar.

Quiero volver a recalcar que «ir despacio» es la mejor manera de integrar un cambio. Un cambio supone diseñar nuevas estrategias, crear nuevos paradigmas, y eso conlleva un consumo extra de energía para nuestro cerebro. Pensar que los cambios se materializan de la noche a la mañana no es más que otra falacia de las que se proponen, sin sentido, en los discursos de motivación con una intención claramente comercial y con un enfoque muy poco realista.

Curiosidades:

El cerebro es el órgano que más cantidad de energía consume en relación a su tamaño. Representa el 2 % de nuestro cuerpo y necesita del 20 % de nuestra energía.

El cerebro consume 5,6 miligramos de glucosa por cada 100 gramos de tejido cerebral por minuto. La mayor demanda de energía procede de las neuronas. Para ellas la glucosa es primordial, pues a diferencia del resto de células, que obtienen también energía de otro tipo de fuentes, las neuronas prácticamente dependen de esta sustancia. Por ello, a pesar de que el cerebro representa menos del 2 % del peso corporal, gasta hasta el 20 % de la energía del total de la glucosa que fabrica el organismo.

No obstante, con esta información no estamos sugiriendo que haya que consumir dulces: **¡atención, ya que cualquier excusa puede ser válida para ir a por un dulce...!** Todos los alimentos que ingerimos acaban siendo reconvertidos en glucosa, es especial los carbohidratos: cereales, tubérculos, legumbres, productos lácteos, frutas y verduras. Esto quiere decir que si una persona adoptara una dieta libre de azúcar no supondría ningún problema: el organismo tiene varios mecanismos para obtener glucosa. Una vez más, en este sentido, el equilibrio y las cantidades justas son la mejor recomendación.

De nuevo, los alimentos que suministramos a nuestro organismo y cómo los consumimos inciden en la salud y el buen funcionamiento de nuestro cerebro.

Debemos ser conscientes de que cualquier cambio conlleva un proceso, unos tiempos, una constancia, y para ello, como veremos, **LA ATENCIÓN ES IMPRESCINDIBLE.**

¿Cómo podemos empezar a trabajar la atención consciente?

- Integrar la práctica de la meditación es una **buena herramienta para sentirte tranquilo en momentos de tensión.** Si la practicas habitualmente, agradecerás sus efectos cuando tengas que aplicar tu templanza y «cabeza fría» en los momentos de dificultad.

En este sentido, la atención funciona como un músculo que estará más entrenado para las ocasiones en las que más necesitemos que lo haga óptimamente.

- **AQUÍ Y AHORA.** Evita llevar tu mente al futuro, planteándote el «peor escenario posible» ante una circunstancia que te inquieta o que supone una experiencia nueva y desconocida para ti. Tampoco es muy interesante que tu mente permanezca en el pasado porque te estará robando el presente, ya que dejarás de valorar las opciones que «el ahora» pone a tu disposición.
- Tener un **diálogo interno** positivo que te **motive** a poner en práctica una actitud **proactiva, resiliente** y, por supuesto, que te **aleje del juicio** que solo genera miedos irracionales y un sufrimiento gratuito e inútil.
- **Conectar con tus emociones y con tu cuerpo.** Te permite identificar la causa del malestar y reconocer tus verdaderos deseos. **Las emociones son grandes guías, indicadores,** para transitar el camino hacia nuestro bienestar físico y emocional.

Conectar con nuestras emociones desagradables conlleva atravesar procesos incómodos y dolorosos, pero si tenemos presente que, al otro lado, existe la liberación, la superación, el desapego y la desidentificación con el pasado... Entenderemos que procrastinar el proceso supone sufrimiento.

El sufrimiento puede ser silencioso o escandaloso e, independientemente de cómo sea, tarde o temprano, se acabará manifestando en algún aspecto de nuestra vida. Podemos comprobar cómo el sufrimiento llega a sabotearnos en diferentes ámbitos de nuestra experiencia vital, como por ejemplo en nuestra efectividad, la economía, la calidad de nuestras relaciones, la salud física y, por supuesto, en nuestra salud mental y en nuestro bienestar en general.

Resulta clave entender que somos animales emocionales y que, si poseemos ese elemento diferenciador, es importante que aprendamos a reconocerlo, aceptarlo, amarlo y a emplearlo a nuestro favor. Para ello, practicar la atención es una buena recomendación.

En cambio, ser «pasivo-agresivos» con nosotros mismos, negando nuestros procesos, bloqueando nuestras emociones y, por ende, impidiéndonos satisfacer nuestras necesidades y deseos... es una forma de autoviolencia por la que pagaremos un alto precio en un momento u otro. Y es que no olvides que tú tienes una relación contigo mismo que debes cuidar si quieres sentirte auténticamente bien.

Ahora que hablamos de la «atención a las emociones» me gustaría puntualizar que confundir **la emoción** de la ira **con la consecuencia** de actuar, de forma irracional y poco regulada, bajo sus efectos, son dos cosas distintas. Por lo tanto, una persona puede sentir ira y decidir actuar de manera violenta, por ejemplo, o comportarse de un modo asertivo, evitando consecuencias nefastas al respecto.

Es por ello que debemos **asumir la responsabilidad sobre la regulación de nuestras emociones** y esto no supone tener un encefalograma plano y que nos comportemos como si no sintiéramos nada, al contrario, cuanto **más conscientes somos de nuestras emociones más difícil nos resultará sufrir un «secuestro emocional». La vida implica sentir y las emociones son necesarias para identificar necesidades e inquietudes y, una vez identificados, podremos tomar acción para crear estrategias y así crear un mundo más acorde a nuestra visión y deseos.**

Otra emoción muy conocida, pero no muy popular, es el miedo, y esta no tiene nada que ver con actuar de forma cobarde. Todos podemos sentir miedo, pero el cómo respondemos ante él es lo que marca la diferencia. De nuevo, la atención juega un papel protagonista a la hora de facilitarnos la posibilidad de autorregularnos y elegir cómo responder ante ciertas emociones en determinadas situaciones.

> Reconocer como negativas ciertas emociones humanas naturales, puede derivar en problemas de represión muy grandes, ya que imposibilitan la sanación de un trauma, lo que en muchas ocasiones deriva en una adicción, como veremos a continuación.

Actualmente, **la palabra adicción sigue estando muy estigmatizada** y, erróneamente, muy alejada de su manifestación real en nuestra vida cotidiana, ya que olvidamos que más allá de la adicción a las drogas (narcóticos, tabaco, alcohol...) el juego, el sexo, etc., también está muy extendida la adicción a la comida, al trabajo (*workaholism*), las compras, las redes sociales... Y estas últimas adicciones parecen estar mucho más aceptadas socialmente, lo que plantea un grave problema para su identificación y posterior recuperación.

Es importante entender cualquier tipo de adicción, no como algo que estigmatiza a quien la sufre, sino como una oportunidad para poner en práctica todo nuestro potencial y poder superar este reto que se nos presenta. Por supuesto, la mejor ayuda en un proceso de adicciones siempre vendrá de los profesionales, debidamente formados, para poder ofrecer esta asistencia. De hecho, es importante entender que pedir la adecuada ayuda es el primer paso para sacar nuestro máximo potencial en una circunstancia como esta. **Renunciar a la culpa que nos limita y asumir la responsabilidad que nos ofrece opciones de éxito.**

En este punto, preferimos citar a un experto reconocido en la materia como el doctor Gabor Maté, médico y escritor canadiense, quién apuntó en unas declaraciones para la BBC World Service: «la adicción no es una elección que alguien hace, **es una respuesta al dolor emocional.** La adicción está siempre arraigada en el trauma y en la adversidad infantil, lo que no significa que todas las personas traumatizadas se volverán adictas, pero **sí significa que cada adicto estuvo traumatizado**. Mientras exista el ansia y el alivio, **con consecuencias negativas a largo plazo, y dificultades para renunciar a ella,** existe una adicción».

Todo lo que el dr. Gabor Maté expone apoya la idea acerca de la gran importancia que tiene resignificar nuestra relación con el dolor, con las emociones. Es por ello que el mindfulness es un apoyo en terapias contra la adicción, dado que ayuda a estar presentes y dar atención a los indicadores que llevarán a la persona a reconocer el origen del dolor pudiendo, de ese modo, resignificarlo y tratarlo adecuadamente, con la ayuda de especialistas.

Es común que cuando una persona experimenta dolor, físico o emocional (ya que para nuestro cerebro es lo mismo), desee inhibir el dolor, evitarlo, negarlo... Hay muchas formas de «desconectarnos» del dolor, pero esto no contribuye a que encontremos la mejor solución a una situación ni tampoco ayuda a superar una situación traumática... **La evasión impide que nuestros recursos más valiosos (tiempo, energía y atención) trabajen a nuestro favor para buscar soluciones o superar acontecimientos dolorosos.**

De hecho, la evidencia científica actual, en base a diferentes investigaciones, apunta a que las actuaciones basadas en mindfulness pueden disminuir la compulsión ante el abuso de sustancias, en concreto en relación al consumo de sustancias como tabaco, alcohol, opiáceos, anfetaminas, marihuana, cocaína, en un espectro más amplio en relación a los grupos de apoyo y los controles de espera.

A su vez, considero muy valioso **aceptar nuestra vulnerabilidad como rasgo inherente de nuestra fortaleza interior.** Y aquí es, precisamente, donde entra en juego la compasión, en concreto la autocompasión. Sin duda, una de las herramientas más valiosas para afrontar nuevos desafíos, hacernos conscientes de cómo alimentar y tratar nuestro organismo.

COMPASIÓN & AUTOCOMPASIÓN

He considerado oportuno hacer una breve aclaración sobre este término, dado que es muy común que su significado tome tintes de pena, piedad, misericordia, etc., a causa del uso que algunas religiones le han dado a lo largo de nuestra historia.

La compasión, en realidad, parte de **reconocer y entender** las emociones del otro, particularmente, su sufrimiento o dolor. En primera instancia, se trata de sentir empatía hacia otra persona, pero cuando hablamos de compasión, este término implica un paso más: **sentir el sufrimiento del otro como si fuera el nuestro y querer mitigarlo o erradicarlo por completo.**

Cuando experimentamos empatía o simpatía estamos entendiendo y compartiendo el sentimiento de otra persona, pero cuando somos compasivos deseamos hacer algo para liberar a la persona de ese sufrimiento, tristeza, dolor…

Una vez hecho este pequeño apunte, el concepto de la **autocompasión** nos puede resultar más sencillo de entender. La autocompasión consiste en ofrecernos esa misma compresión y amabilidad con el objetivo de aliviar nuestro propio dolor. Sin confundirlo con egoísmo o egocentrismo, por supuesto.

La autocompasión reside en ser bondadosos con nosotros mismos sin caer en exigencias excesivas, en relación a nuestras expectativas o, incluso, en relación a nuestros errores. Tampoco se trata de asumir un papel de indefensión y una actitud de autocompadecerse ante circunstancias adversas, todo lo contrario. La autocompasión supone una actitud de **responsabilidad, comprensión y reconocimiento** con nosotros mismos, de un modo **amable y positivo.**

Según algunos psicólogos, la compasión suele estar asociada a personas que tienen una buena autoestima. La compasión supone un campo de estudio ¡tan amplio!, que importantes investigadores han profundizado en él con la inquietud de conocer los importantes efectos que esta tiene en nuestra experiencia vital, individual y colectiva. Sin duda, un área de estudio fascinante y muy enriquecedora para quienes deciden interesarse en su práctica.

> Reflexión/conclusión
>
> La absurda creencia implantada de creernos egoístas o valorar como absurdo el tiempo que dedicamos a poner en práctica la atención (observarnos, escucharnos, asentirnos, reconocernos —física y emocionalmente—) diezma nuestra libertad, reduciendo nuestra capacidad de elección al mínimo, ya que si no sabes qué precisas, tampoco identificas tus opciones y las opciones son abundancia, son riqueza, en nuestra vida. Todo ello se traduce en calidad de vida, en salud, en bienestar.

Vivimos en la era de «#GO» y #GoodVibes» como si sentirse triste, incómodo, apático, inquieto, indeciso, enfadado, fuera algo malo, y no, no lo es. Está bien sentir rabia, es parte de nuestra condición humana. Sentir rabia no te hace mala persona, te hace humano. El cómo respondes a esas emociones, las estrategias que pones en marcha, eso sí es lo que marca la diferencia entre un «adecuado-adaptativo» o «inadecuado-desadptativo» comportamiento, entre una positiva o negativa acción. **La responsabilidad sigue estando en nosotros.**

Para poder regular, que no controlar, las emociones y darlas su lugar, necesitamos reconocer el mensaje. Esto requiere transitar las emociones sin entrar en juicios, evitando caer en una espiral de negatividad y abatimiento. Es lo que se conoce como poner en práctica la consciencia, la atención plena. **No juzgar las emociones, no juzgarnos, no poner etiquetas discriminatorias: sencillamente, sentir y permitir.**

Es sorprendente el efecto sanador que tiene el escribir en un diario en pleno arrebato de dolor, por ejemplo. Otra buena estrategia sería hablar en un espacio seguro, como en la consulta de un terapeuta o en la sesión de un/a coach. Podemos practicar la meditación que, como estamos viendo, no tiene nada que ver con poner la mente en blanco. Realizar yoga o una actividad física que nos haga conectar con nuestro cuerpo, ya que también él nos da señales importantes a lo largo de la vida. Y tener presente que nuestro «yo interior» es la fuente auténtica de nuestra sabiduría y no debemos subestimar nuestras propias capacidades.

CÓMO EMPEZAR A PRACTICAR MINDFULNESS

Es sencillo, mantén la mente despierta.

A lo largo del día, de forma habitual, acostúmbrate a preguntarte: **¿qué estoy haciendo?** y date el tiempo para contestar, aunque sea brevemente. En cualquier momento, en cualquier lugar, tan solo recuerda que se trata de dar atención al presente.

Y TÚ, ¿sedente o informal?

Podemos practicar mindfulness de manera formal e informal.

Uno de los objetivos de este libro es facilitar al lector la práctica de esta poderosa herramienta para beneficiarse de ella, especialmente en el ámbito de la alimentación saludable. No obstante, no podemos integrar un cambio de mejora en un área de nuestra vida, sin que esto no influya en el resto de áreas que la integran.

Si lo que queremos es mejorar, por ejemplo, nuestra relación con la comida y alcanzar lo que nos gusta llamar una «Microbiota Consciente», es vital que entendamos que la práctica de la atención plena es mucho más efectiva cuanto más la practiquemos. Y eso implica hacerlo no solo cuando comemos, como veremos más adelante, sino incorporarla como «forma o estilo de vida», un modo eficaz de relacionarnos con nuestro cuerpo, con nosotros mismos, con el resto de personas y con el mundo que nos rodea.

Por ello, es importante saber que podemos practicar mindfulness de forma **formal e informal.** Y, en cualquiera de los casos, estaremos obteniendo sus beneficios.

La práctica formal del mindfulness consiste en una meditación sedente. En este caso, adoptaremos la postura de estar sentados, puede ser en el suelo, en una silla o en cualquier espacio donde la postura sea cómoda, el cuerpo esté en «reposo» y la espalda esté recta, sin tensión. Al sentarnos, estamos emulando un estado de calma que es al que queremos llevar a nuestra mente.
Objetivo: **«asentar/serenar nuestra mente»**.

No a todo el mundo le resulta sencillo relajar el cuerpo, y mucho menos la mente. Pero debo decir que la práctica facilita mucho el proceso y cuanto más se intente y se practique más sencilla y satisfactoria nos acabará resultando.

Los ojos los podemos mantener abiertos, entornados y, si lo precisas, cerrados. Lo más importante es rendirnos al momento presente.

Para empezar, podemos dirigir nuestra atención al exterior o al interior. Es decir, podemos empezar dando atención a aquello que percibimos por nuestros cinco sentidos. Si hemos preferido mantenernos con los ojos cerrados podemos hacer un «Body Scan» basado en toda la información que asimilamos mediante el gusto, olfato, tacto y oído, además de las sensaciones que nos vayan aflorando.

El «Body Scan» (escaneo corporal) es una técnica que consiste en hacer un escáner mental, un reconocimiento, de nuestro cuerpo, parte por parte. Se trata de poner nuestra atención en cada una de las zonas de nuestro organismo.

Es común, al practicar el «Body Scan», que reconozcamos algunos puntos de tensión, zonas con cierta carga e, incluso, alguna molestia que no habíamos percibido hasta el momento. Sea como sea, vamos a dar atención a nuestro cuerpo, **sin juicio, con curiosidad y de un modo amable y agradable**. Y lo haremos recordando que el objetivo es serenarnos, rendirnos al proceso.

Esta técnica pertenece a la **TCBM (terapia cognitiva basada en mindfulness)** o MBCT (*Mindfulness-based Cognitive Therapy*) de los psicólogos Dr. John Teasdale, Dr. Mark William y Dr. Zindel Seagal. Y es una de las prácticas que se incluyen en su programa de ocho semanas. Programa que, en los últimos 20 años, ha sido y sigue siendo objeto de estudio, por destacados investigadores científicos en todo el mundo.

Al empezar a practicar la atención plena, es muy común reconocer que la mente no «calla» ni un segundo y que nos bombardea con pensamientos continuamente. En esos momentos lo mejor es decirnos internamente: «bien, está bien». Y, a continuación, podemos empezar a poner la atención en nuestra respiración diafragmática, por ejemplo. La inhalación por la nariz, lentamente, y la exhalación, por la boca, muy despacio, es una forma de empezar.

Una vez que conseguimos sostener la atención en los aspectos externos sin que los productos de la mente interfieran, estamos calmando nuestra mente y conseguimos experimentar el momento presente. Pero también puede suceder que una avalancha de emociones, sensaciones internas y pensamientos nos sobrevenga. En este caso, **recuerda que el objetivo no es inhibirnos sino darnos atención** en todos los aspectos. En ese estado de renuncia permitiremos que hagan presencia, sin juzgar y reconociendo su intensidad, todas esas emociones y sensaciones de nuestro estado anímico y también de nuestro cuerpo físico. Recordemos que el cuerpo habla a su modo y que es interesante escucharlo.

Para todo ello, el recurso de la respiración es imprescindible, ya que descubriremos que es una gran herramienta para liberarnos del juicio y estar receptivos ante la experiencia, mientras nuestra mente se va calmando.

Por abrumador que pueda parecernos al principio, **la clave reside en la práctica y su continuada experimentación.**

Otra opción, dentro de una práctica sedente, sería permitir que nuestra atención se dirija de forma libre a aspectos internos o externos indistintamente de sus tiempos, tan solo estaremos atentos, abiertos a la experiencia y conectados con el presente. Esto es lo que Krishnamurti (1895-1906) llamó «conciencia sin elección». Su máxima, por así decirlo, es la aceptación.

Recordemos que este no es un manual de mindfulness como tal y que lo que se pretende es hacer una sencilla introducción para aclarar, básicamente, en qué consiste y concienciar de sus bondades tan útiles para todo el mundo. Personalmente, aconsejo acudir a un profesional en mindfulness si lo que queremos es aprender a practicar su modelo más formal, como es el sedente, por ejemplo. En estas páginas, solo vamos a mencionar algunos aspectos básicos para que su comprensión esté al alcance de todos, independientemente de los conocimientos previos de cualquier lector.

PRÁCTICA INFORMAL

Consiste en estar atentos a los actos habituales de nuestro día a día.

Mientras caminamos, por ejemplo, estar atentos a nuestros pasos, mientras respiramos profundamente.

A la hora de ducharnos, aplicarnos crema, peinarnos, cepillarnos los dientes... Se trata de estar presentes cuando realizamos cualquier acto de la vida cotidiana.

Algo tan sencillo, aparentemente, puede convertirse en todo un reto cuando llevamos mucho tiempo «desconectados» e inmersos en nuestro «ruido mental», en nuestra «narrativa interna».

Este tipo de meditación es muy valiosa por sí misma y, por supuesto, todavía lo es más si se combina con la meditación sedente.

Una práctica imprescindible para tener una «Microbiota Consciente» es la de estar atentos mientras cocinamos y, por supuesto, cuando estamos comiendo. A esta práctica la llamamos mindful eating. Y, como puedes comprobar, no requiere de una gran preparación. No obstante, tendremos la oportunidad de verla más detalladamente en próximas páginas.

Llegados a este punto, cabe destacar, junto a las anteriormente mencionadas, la **práctica formal en retiro**.

Esta es la práctica más recomendada una vez estamos familiarizados con las anteriores y hemos llegado a un mínimo diario de meditación formal (mínimo una hora). Aunque, a día de hoy, hay retiros de iniciación organizados por terapeutas especializados que pueden suponer una valiosa experiencia para familiarizarse aún más con la práctica.

Durante los retiros, se suele practicar la experiencia del **silencio,** siendo esta muy reveladora para muchas personas a la hora de adquirir destreza en la práctica habitual de la consciencia o atención plena.

Sea como sea, ¡practica!

DESMITIFICANDO ALGUNAS IDEAS BÁSICAS SOBRE LA PRÁCTICA DEL MINDFULNESS

1. Meditar no implica, necesariamente, poner la mente en blanco. Practicar mindfulness no supone que tienes que poner tu mente en blanco, «vaciarla», ni que tengas que rechazar tus pensamientos.
2. No nos desconectamos de nuestras emociones. Por tanto, no se trata de inhibir las emociones desagradables.
3. No vamos a evadir los acontecimientos que suceden en nuestra vida, por más incómodos o duros que nos resulten. Es más, vamos a estar presentes y conscientes. Esta es la única forma de afrontarlos, resignificarlos y superarlos.

RECOMENDACIONES BÁSICAS

Si cuando meditas en posición sedente sientes sueño, te aconsejo que te des el permiso de descansar y dormir. Si cuando estas conectando con tu cuerpo este te pide dormir, quiere decir que lo necesitas: **permítetelo.** Vuelve a intentar meditar en otro momento en que te sientas descansado.

TU MOMENTO DE MEDITACIÓN

Te recomiendo asociar el momento de la meditación a ciertos aspectos. Por ejemplo: una música relajante, un lugar tranquilo donde nada ni nadie te pueda molestar, una ropa cómoda y un aroma concreto que te resulte agradable (velas aromáticas, inciensos, etc.). Es conveniente seguir una rutina, tener un horario adecuado para ello, la primera hora de la mañana y la última del día suelen ser las más recomendables. ¡Tú decides!

Curiosidades

La actividad cerebral registrada en meditadores experimentados que practicaban las técnicas que producían mayor relajación física daban como resultado más registros de **ondas theta y delta** (relacionadas con el sueño profundo) y quienes practicaban mindfulness generaban más **ondas alfa, beta y gamma** (vinculadas con estados de vigilancia). Las ondas gamma, además, se originan cuando se generan nuevas redes neuronales en nuestro cerebro.

Como vemos, en nuestra calidad de vida, incluida nuestra salud, juega un papel fundamental el **JUICIO**. Tenemos la costumbre de etiquetarnos a nosotros mismos y al resto, sin darnos cuenta de que, de ese modo, reducimos nuestras opciones de conocer y, por tanto, de adquirir experiencias. Las experiencias se traducen en sabiduría de vida y son imprescindibles para nuestra supervivencia.

¿Y cómo podemos evitar que el juicio nos limite? De nuevo, el mejor recurso es poner en práctica **la atención.**

> «... al asumir una actitud sin juicio hacia los propios pensamientos se facilita la toma de conciencia de los "pensamientos son solo pensamientos", en vez de considerarlos como hechos objetivos que reflejan una realidad o una verdad determinada» – (Leonor Irarrázal, Psiquiatría Universitaria, 2010).

Una estrategia interesante podría ser trabajar la desidentificación. La atención nos va a facilitar observar nuestros pensamientos e identificar nuestras emociones sin identificarnos con ellos. Y esto es imprescindible para no caer en creencias limitantes como pensar que «somos la tristeza», «somos el trauma», «somos el dolor», «somos la enfermedad», etc. Tampoco existen las personas tóxicas, existen los estados y comportamientos tóxicos, pero no, no existen las personas tóxicas como tales.

Lo mismo sucede cuando nos identificamos con una etiqueta que nos limita. Un claro ejemplo sería al considerarnos gordos, al identificarnos como gordos, decimos: somos gordos. Pues bien, podemos estar gordos, pero no somos la gordura en sí misma. Por lo tanto, como cualquier estado propio de estar vivos, se puede modificar. Esto supondrá, primero, aceptar el punto inicial en el que nos encontramos, por supuesto. Ya que de nada sirve ignorar la circunstancia, pero una cosa es reconocerla y otra, muy distinta, reconocernos en ella de forma inmutable. Este cambio de paradigma, que no siempre resulta tan obvio, resulta muy efectivo a la hora de empezar a dar atención a la solución en vez de estancarnos en la circunstancia que no nos agrada. Por lo tanto, un buen planteamiento podría ser:

> Tengo sobrepeso y eso implica que no me siento bien -> ¿Cómo quiero estar? ¿Qué está en mi mano para conseguir estar como yo quiero? -> ¡Opciones! ¿Qué opciones tengo o cómo puedo obtener las opciones que necesito? -> ¡Acción!

Evidentemente, esto se trata de un planteamiento muy muy básico, pero es una buena forma de comprender en qué se basa una actitud proactiva y cómo podemos empezar a dejar de sobreidentificarnos con estados temporales que dependen de nosotros. Recomiendo poner en práctica ese planteamiento de preguntas y respuestas varias veces durante el proceso. Recordemos que un proceso de cambio no es siempre un «camino de rosas».

Y es que cómo percibimos las circunstancias, cómo las racionalizamos y cómo las asimilamos, determina nuestros resultados y, en consecuencia, nuestra calidad de vida.

Si pensamos que empezar a comer bien supone restricciones, pasar hambre, dejar de disfrutar de la comida, etc... nunca vamos a iniciar ese cambio hacia hábitos saludables; en cambio, si entendemos que vamos a disfrutar de la comida, vamos a sentirnos saciados, vamos a nutrir nuestro cuerpo y nuestra mente y vamos a obtener un mayor grado de bienestar y satisfacción: el proceso se simplifica considerablemente. Paso a paso, ya lo decía Antonio Machado, «el camino se hace andando».

¡ROMPE EL PATRÓN DE PENSAMIENTOS!

Te invito a que reescribas tu narrativa interna y te veas a ti mismo como lo que eres: una persona completa y capacitada para crear la realidad que deseas. Por supuesto, aquí no te vamos a proponer una fórmula mágica e idílica, pero seguro que recuerdas momentos que te resultaron un reto en su día y que, en este momento, no te supondrían ningún esfuerzo.

En este punto, sería importante destacar que el mindfulness lo conforman una serie de prácticas que promueven **la atención, la concentración, la empatía, la amabilidad y la compasión hacia uno mismo,** principalmente. **Nos ofrece la posibilidad de ser responsables de la forma en que decidimos querer vivir**, ofreciéndonos opciones, posibilidades...

OBSERVA – DESCRIBE Y PARTICIPA

Una maravillosa práctica si nos decidimos a «romper un patrón de conducta, un hábito».

¡Prepárate para «ir lento»!

Observa: ¿dónde estas?, ¿qué momento del día es?, ¿hay luz o está oscuro?, ¿experimentas frío o calor?

Nos basamos en los sentidos más básicos, en las primeras impresiones: qué ves, qué escuchas, qué sientes físicamente, qué aromas percibes o qué saboreas.

Describe: aporta más detalles sobre la situación que estás experimentando. En este punto detallamos la situación en su conjunto.

Participa: decides frotarte las manos, sentir el tacto de la ropa que llevas puesta; cualquier acción que no te suponga ninguna dificultad y que puedas realizar en ese mismo instante. Y recréate en la acción que estás llevando a cabo con sumo detalle, muy despacio y con mucha atención.

Esta es una buena táctica para llevar a cabo antes de sentir el arrebato de abrir el armario de la comida y abrir una bolsa de patatas o de sacar del congelador un helado que, realmente, no deseamos ingerir. Es una herramienta que puedes hacer en cualquier momento y que te ayudará a sustituir el patrón negativo por el hábito de aplicar pausa para tomar una mejor decisión que sí cuide de ti. Te proporcionará una visión más objetiva sobre el origen de tu «mal hábito», sobre el detonante que desemboca en el hábito que deseas eliminar.

Esta es una herramienta muy común utilizada en sesiones de coaching, en terapia de adicciones, por ejemplo. Sea como sea, está a tu alcance y gracias a ella puedes marcar la diferencia.

¡Pruébala!

ADEMÁS... Una sugerencia interesante es la de someternos a un «cambio brusco de temperatura» en aquellos momentos en los que estamos experimentando sensaciones de angustia, agitación o gran inquietud. Por supuesto, debemos tener en cuenta los tiempos de digestión, ya que puede resultar peligroso si lo realizamos en un momento inadecuado. No obstante, lo que proponemos no es tirarnos a una piscina de hielo o abrasarnos la piel bajo una ducha excesivamente caliente... Nos referimos, más bien, al hecho de aplicarnos agua fría o caliente (generar suficiente contraste con nuestra temperatura corporal) en el rostro, las manos, las extremidades... De modo que, al hacerlo, nuestro cuerpo físico experimente un cambio de temperatura que nos ayude a romper el «loop» de sensaciones o emociones desagradables. Se produce un cambio fisiológico interesante y de gran ayuda en momentos de «secuestro emocional».

¡TU ATENCIÓN ES LO QUE CUENTA!

La atención da nombre a un estado de consciencia abierto a todo lo que sucede y es una herramienta que permite vivir las experiencias que tienen lugar dentro y fuera de nosotros.

En relación a esto, es importante tener en cuenta la aportación del neurólogo neerlandés Bernard Baars (1997), del Instituto de Neurociencia de la Jolla (California), quien explicó el funcionamiento de la conciencia a través de la TEORÍA DEL ESPACIO DE TRABAJO GLOBAL. Según el neurobiólogo, gracias a la atención, nuestro cerebro está actualizando constantemente datos. Si el cerebro considera que la información es relevante para nuestra supervivencia, la mantiene, actualiza y busca novedades sobre esa cuestión de interés y, en el caso contrario, la desecha. Toda la información procesada por el cerebro va a un banco de memoria, desde donde se envía a otra zona del cerebro para ser procesada. Según Baars, la consciencia está constituida por el envío de datos que hace el cerebro desde ese banco de memoria.

No obstante, las personas somos muy diferentes las unas de las otras y, por ende, nuestras motivaciones e intereses. Es por ello que la manera en la que procesamos la información y cómo prestamos atención varía de unos a otros, dando lugar a diferentes perfiles atencionales.

SISTEMA DE ACTIVACIÓN RETICULAR (SAR) O SISTEMA DE ACTIVACIÓN ASCENDENTE (SAA)

Nos permite centrar nuestra atención en lo que consideramos relevante para nosotros. Es, por así decirlo, la barrera de los datos que permitimos que se introduzca en nuestra consciencia.

El **SAR** es una estructura cerebral muy básica y a la que, también, le debemos nuestra supervivencia, ya que interviene en muchas de nuestras funciones vitales como son dormir, sentir dolor, estar alerta, etc.

¿Te ha pasado que navegas por Internet o por una red social y, constantemente, te sale información relacionada con tus búsquedas, personas a las que sigues

o interesas? Digamos que esta sería una buena metáfora para explicar en qué consiste nuestro SAR. Por eso siempre digo que la atención es el recurso más valioso del que disponemos, ya que «donde va tu atención va tu energía» y es que es así como funciona nuestro cerebro.

Por ello, las probabilidades de éxito aumentan cuando tienes claro y definido tu objetivo. Piensa en lo que deseas en positivo, por ejemplo: «quiero llevar una mejor alimentación», «quiero sentirme mejor a todos los niveles», «voy a cuidar de mí». El conocimiento de este sistema te permite sincronizar tu cerebro con tu deseo y eso facilita mucho cualquier proceso de adherencia, cambio o mejora de hábitos.

Poner en práctica la atención, ejercitarla diariamente, a través de herramientas de mindfulness, por ejemplo cuando comemos, **nos va a permitir entender mejor cómo funciona nuestro organismo ante la ingesta de distintos alimentos, la aplicación de cierto tipo de rutinas o la actitud con la que afrontamos los diversos acontecimientos de nuestra vida**.

Al tener claro que deseas una mejora específica, una solución, tu cerebro se pondrá a trabajar en ello. ¿No te ha pasado que al empezar a interesarte por un tema específico te resulta más fácil hallar información sobre ello? Bien, por eso es tan importante definir el objetivo y hacernos preguntas que nos lleven a soluciones y no a problemas.

HAGAMOS UN PLANTEAMIENTO SENCILLO

Objetivo: «Quiero sentirme con más energía».

Preguntas: ¿Qué está en mi mano para conseguirlo?, ¿dónde puedo encontrar la ayuda necesaria?, ¿qué hábitos de mi rutina serían interesantes modificar para conseguirlo?

¡Observa! Con solo tres preguntas básicas ya estas empezando a dar atención a ciertos aspectos de ti mismo. Estás poniendo en práctica tu atención.

En las sesiones de coaching es imprescindible definir el objetivo, tener una imagen clara de lo que deseamos conseguir, ya que es la forma más efectiva de entrenar a nuestro cerebro para que llegue a la meta.

Cuando empiezas a poner el foco sobre tu deseo potencias las probabilidades de éxito. Y esto es gracias a la atención, por lo que cuanto más entrenada está la atención más agilizamos el proceso para conseguirlo.

JON KABAT ZINN

(1944, New York), fundador del mindfulness y creador del programa de 8 semanas MBSR (Mindfulness-Based Stress Reduction) – REBAP (Reducción el Estrés Basada en la Atención Plena), **enumera siete actitudes básicas para la práctica del mindfulness que, a continuación, exponemos con una breve explicación**

1. No juzgar.

   Aclaración: eliminar las etiquetas, los «yo soy...», «tú eres...» y sustituirlas por estados o precisiones que describan más objetivamente la realidad.

2. **Mente de principiante a la hora de vivir las experiencias.**

   Aclaración: experimentar la vida como si siempre fuera la primera vez, sin que se dé el fenómeno de la habituación, entendida como una respuesta limitada frente a un estimulo repetido.

3. No resistencia.

   Aclaración: refiriéndose a no querer forzar los acontecimientos, no apegarnos a los resultados, a los procesos...

4. Paciencia.

   Aclaración: lo que no debe ser confundido con «no actuar» o procrastinar, posponer. Se refiere a saber dar su tiempo y espacio a cada circunstancia.

5. Aceptación.

   Aclaración: asumir que hay procesos y experiencias que no son nuestra responsabilidad. Eliminar la ilusión de falso control y sustituirla por aceptación como apreciación de que en la vida hay cosas que «no están en nuestra mano».

6. Confianza y constancia.

   Aclaración: confiar en nuestra constancia, enfoque, capacidades y valor. Entender que el hábito genera la manifestación de una intención. La importancia de la constancia es también entender la paciencia como parte del proceso. Paso a paso.

7. Dejar ir, soltar o practicar el desapego.

   Aclaración: rendirse al proceso lo que nada tiene que ver con conformarse o «dejarse vencer». Tiene más que ver con la aceptación de los procesos y sus tiempos.

Y tú, ¿lo practicas?

DE LA ATENCIÓN AL MINDFULNESS

Dar atención al momento presente, sin juicios ni ideas preconcebidas: como si fuera nuestra primera vez.

> «El mindfulness nos permite pasar, gracias a la atención y la conciencia, de la modalidad hacer a la modalidad ser».
>
> **Jon Kabat-Zinn**

Dar atención nos permite tomar consciencia del momento presente, ser y estar en el momento presente sin más (como si eso fuera poco) y esa consciencia nos aporta la libertad de acceder a todas las posibilidades que nos ofrece el momento actual. Sin juicio y sin condicionamientos de ninguna clase, la consciencia nos abre infinitas vías de ver, comprender y afrontar un acontecimiento.

De ese modo, el siguiente paso sería afrontar nuestra responsabilidad y actuar, en consecuencia, con compromiso hacia nosotros mismos. El mindfulness no es pues una disciplina severa ni restrictiva, no nos limita. Nos ofrece el método de la constancia y la repetición que supone el buen manejo de una habilidad (la atención), la cual nos acerca a nuestro propósito y deseos.

Al hablar de **disciplina** lo hacemos como palabra derivada de «discípulo», no de sirviente, verdugo o esclavo, tampoco de un «deber ser» impuesto o inventado para generar una falsa idea de poder sobre la voluntad del individuo, para generar una sensación errada de control, ya que podemos ser conscientes ante la vida, pero no controlarla; podemos regular las emociones, pero no controlarlas. Vivir supone experiencias y las experiencias no tienen un método estándar.

Estamos hablando de consciencia, estamos hablando de conexión con nosotros mismos más allá del ruido de los pensamientos, estamos hablando de un estado de plenitud con gracia y sin severidad, pero sí con **disciplina y respeto y responsabilidad** con el proceso.

Saber que la máxima en todo lo que hacemos, en todas las decisiones que tomamos, es nuestro bienestar, consciente o inconscientemente. La diferencia radica en que, cuando estamos conscientes, podemos identificar mejor nuestras propias señales y eso nos permitirá crear estrategias más efectivas para cumplir con nuestros deseos. Mente clara en silencio es igual a cerebro sano y cuerpo en equilibrio.

Donde va nuestra atención va nuestra acción. Se trata de elegir con sabiduría hacia dónde queremos dirigir, definitivamente, nuestros actos.

¿Qué es lo que te estás diciendo? ¿Cómo te estas hablando?

No se trata de rechazar el pensamiento o empezar a considerarlo como algo negativo. En absoluto, se trata de entender que la consciencia nos permite «limpiar»: tener un pensamiento más higiénico, más coherente y en congruencia con nuestras intenciones y deseos auténticos. De hecho, el sufrimiento tiene su principal origen en el pensamiento errático, en *el pensamiento rumiante*, en la distorsión del mismo pudiendo afectarnos en primera instancia a nosotros mismos y, en segunda, al mundo que nos rodea.

Vivir anclados en el pensamiento sin un contexto más amplio que implique a la consciencia supone convertir a la mente y sus creencias automáticas en una realidad absoluta y eso hace que el resto de perspectivas y posibilidades de experiencia se reduzcan y, por ende, nuestra libertad también lo haga y con ella afloren los condicionamientos autoimpuestos a nosotros mismos y al resto.

Si quieres, puedes elegir dar atención a tus pensamientos, en vez de reprimirlos o rechazarlos. Dar atención a tus pensamientos te hace consciente de ellos. **Y, gracias a la consciencia, el pensamiento deja de condicionar nuestra voluntad**. Esto nos sucede, por ejemplo, cuando sentimos la necesidad imperiosa de comer algo debido a un pensamiento que, de forma repentina y sin aparente causa, nos ha invadido. Un pensamiento de preocupación sobre una cuestión familiar, económica o personal... La cual, instantáneamente, se ha hecho protagonista de nuestra realidad pues nos ha sobrevenido y nos ha generado un deseo irrefrenable de comer algo sabroso. En ese momento, tu mente está poniendo en marcha un mecanismo de huida para garantizar tu supuesto bienestar. Sin embargo, si nosotros aplicamos la pausa y antes de dejarnos llevar por ese impulso nos hacemos las preguntas:

1. ¿Realmente tengo hambre?
2. ¿Qué es lo que siento?
3. ¿De dónde procede esa sensación?
4. ¿Este pensamiento es útil ahora?
5. ¿Cuál es la opción que cuida realmente de mí?

Estas preguntas son algunas de las que podemos hacernos, ya que nos ayudan a obtener claridad sobre lo que está detonando la experiencia actual. Y supondría una diferencia significativa pasar de atracar la nevera o el armario de los dulces a identificar el origen de la turbación y del malestar real para, quizá, empezar a encontrar una manera efectiva de resolver una circunstancia subyugante que reclama atención.

En la mayoría de los casos, sucede que, tras dar atención a nuestro pensamiento perturbador, descubrimos que no hay que tomarlo tan en serio. Recordemos que es fácil que hayamos automatizado mecanismos de defensa o huida a lo largo de nuestra experiencia vital y el detenernos a reconocer lo que pensamos y el efecto que esto tiene en nosotros nos ofrece la oportunidad de re-programarnos, es decir, de cambiar nuestra respuesta por otra que se ajuste más y mejor a nuestras necesidades y deseos actuales.

Volviendo al ejemplo anterior, al descubrir que nuestro impulso de ir a comer no se debía a una necesidad real de alimentar nuestro organismo y sí de inhibir una sensación desagradable, producida por un pensamiento irreverente e inoportuno, posiblemente el deseo de comer desaparezca y se pueda sustituir por otra acción más acorde y efectiva en el momento actual.

Recuerda

¡No tomes tus pensamientos tan en serio! «Se trata de estar con todos los sentidos», se trata de estar en presencia real, aquí y ahora.

MINDFULNESS, QUÉ ES Y PARA QUÉ

«Solo existen dos días en el año en los que no se puede hacer nada. Uno se llama ayer y otro mañana. Por lo tanto, hoy es el día ideal para amar, crecer, hacer y principalmente vivir».

Dalai Lama

El mindfulness es un término anglosajón, empleado para traducir la palabra pali «sati». El pali es el lenguaje en el que se dieron a conocer las antiguas enseñanzas budistas. Una de las explicaciones de minfulness más extendidas es la del monje budista Ticht Nat Hanh: «mantener viva la propia conciencia focalizada en la realidad presente».

Si queremos traducir al español el término «mindfulness», de manera literal, no encontramos una palabra exacta, pero podemos acercarnos bastante al separar la palabra mindful «consciente» de su sufijo «ness» que implica condición, ya que es un sufijo empleado en inglés para formar sustantivos a partir de adjetivos, con el objeto de expresar el estado o cualidad de alguna cosa. De este modo, podemos inducir que se trata de «la condición de ser o estar consciente». Es por ello que «atención plena» y «consciencia plena» son las dos acepciones más empleadas en español para referirnos al mindfulness.

> **En este sentido, podemos concluir que es un tipo de atención consciente y voluntaria, sin juicios y conectada al momento presente, a través de los sentidos físicos.**

Ahora bien, esa sería una explicación bastante sintetizada de un término con bastantes capacidades. El mindfulness es un tipo de meditación o conjunto de técnicas de meditación que puede ser puesto en práctica en cualquier lugar y momento. Su evidencia científica la avala como técnica importante en el tratamiento complementario, de gran eficacia, en diferentes trastornos mentales y físicos. Como, por ejemplo, en los casos de estrés, depresión, dolor crónico, Trastornos de Conducta Alimentaria, obesidad, etc. E, incluso, se emplea como una valiosa herramienta en los procesos de enfermedades crónicas, autoinmunes, degenerativas, así como su aplicación, cada vez más habitual, en un ámbito más cotidiano, con el fin de ayudar a las personas a sobrellevar las diferentes etapas de la vida y las particularidades y dificultades propias de cada una de ellas (infancia, adolescencia, vejez...). **Y es que no olvidemos que el propósito principal del mindfulness radica en aliviar el sufrimiento humano.**

Esta práctica nos ayuda a que la mente esté en calma, a aceptar lo que no podemos evitar y a vivir el presente con **mente de principiante,** con curiosidad, siendo conscientes de nuestras emociones. Es más que un proceso psicológico porque implica una experiencia somática (cuerpo y mente). Y se basa en la experimentación constante de lo que sucede, el cómo acontece y cómo nos sentimos nosotros ante lo que está ocurriendo.

> «Prestar atención de manera intencional al momento presente, sin juzgar. El mindfulness nos permite pasar, gracias a la atención y la conciencia, de la modalidad hacer a la modalidad ser».
> **Jon Kabat-Zinn**

ORÍGENES DEL MINDFULNESS

¡Mindfulness! una palabra que parece haberse puesto muy de moda en los últimos tiempos y cuyo significado, influencia y beneficios no deberíamos pasar por alto.

Es tal la historia del mindfulness que podríamos dedicar todo este libro a esta cuestión y, seguramente, todavía nos quedarían muchos aspectos destacados que desarrollar. Y es que un simple vistazo a sus orígenes e influencias supone hacer un largo viaje a través del tiempo hasta remontarnos a la tradición védica, retomada por el hinduismo y, más tarde, por el budismo.

Necesariamente, al hablar del origen del mindfulness tenemos que hacer alusión a la **meditación** y al **yoga**, prácticas orientales cuyos registros históricos tienen más de 5.000 años. El mindfulness, como corriente o movimiento, recoge prácticas meditativas y contemplativas milenarias de origen oriental.

Como bien es sabido, especialmente, por los amantes de esta disciplina, el yoga procede de los **Vedas**, es decir, la palabra «yoga» fue empleada por primera vez en estos textos. Vedas significa «conocimiento» en sánscrito, lengua en la que están escritos estos cuatro textos que conforman una colección de libros de carácter sagrado. La palabra «yoga» deriva del verbo «yuj», cuyo significado es «unir». El yoga es una disciplina que se sirve del cuerpo, a través de las asanas (posturas físicas) para que, mediante la respiración profunda y la atención plena al momento presente: *la mente y el cuerpo conecten para alcanzar, y mantener un equilibrio energético*. La respiración, las asanas y la meditación son tres elementos fundamentales. Por supuesto, esta es una breve aclaración para quienes no están todavía muy duchos en la materia.

La tradición védica, anterior al hinduismo y al budismo, recopila ciertas prácticas que tienen el objetivo de calmar la mente. El **vipassana**, que de hecho significa «ver las cosas tal como son», es una de las técnicas de meditación que cuenta con mayor antigüedad.

Como dato curioso, debo mencionar que la meditación vipassana es comúnmente conocida en psicología, a día de hoy, como «meditación insight». De hecho, Jon Kabat-Zinn, **doctor en Biología Molecular del Instituto de Tecnología de Massachusetts (MIT) y profesor emérito de Medicina de la Universidad de Massachusetts**, tuvo la oportunidad de descubrirla, a través de su maestro, mientras se instruía en el budismo zen. Y es que, volviendo a los orígenes ancestrales de esta práctica, cuando Buda fallece, el budismo se extiende geográfica y socialmente, dando lugar a diferentes interpretaciones de su doctrina, las cuales originaron diferentes vertientes. Una de ellas sería el budismo zen que se expandió en Japón. Cabe mencionar, a su vez, otras áreas destacadas como son el **budismo tibetano** (que se propagó por Nepal, Tíbet, Mongolia y Bután, principalmente) y el **budismo chan** (en China). Sin embargo, las bases del **budismo zen** son las que se asocian, históricamente, al mindfulness. A continuación, entenderemos el porqué.

Todas las vertientes o ramas del budismo tienen en común la meditación. Ahora bien, el budismo zen se centra, principalmente, en hallar la iluminación (*satori = comprensión*), mediante la práctica de la meditación. Por ello, podríamos decir que estos son los «orígenes del mindfulness».

Según el budismo zen, la **autoobservación consciente** se ensalza como el principal camino para calmar la mente y alinear la energía interior de quien practica la meditación. **Esta es una práctica que permite observar lo que sucede en el momento actual sin juicios, sin apegos y de forma compasiva.** Además, gracias a ella, se reconoce lo que experimenta nuestro cuerpo en conexión a nuestra experiencia interna sin ignorar lo que acontece en el mundo que nos rodea, el cual identificamos a través de los sentidos físicos. **El objetivo principal es liberar al individuo del sufrimiento**, tanto mental como físico, y esto es posible si **estamos presentes.** De aquí parten las principales enseñanzas de Buda.

HISTORIA DEL MINDFULNESS

A continuación, haremos un fugaz recorrido por la historia para comprender un poco mejor los orígenes del mindfulness.

En torno al siglo XI, el budismo está totalmente integrado en China. Con el tiempo, se fueron creando diferentes escuelas que evolucionaron de forma independiente. En Japón, destacan las escuelas Soto y Rinzai que, aunque parten de las mismas bases del budismo zen, evolucionan de forma independiente en relación a su forma de meditación. En la escuela de Soto se practica «la meditación zazen» y en la escuela Rinzai «la meditación koan», cada una con sus particularidades propias.

A día de hoy, algunos investigadores reconocen en Buda a un precursor del estudio de la mente, llegando a considerar que su método es, inequívocamente, precientífico.

Llegados a este punto, y como veremos más adelante, cabe destacar que el mindfulness es una **práctica laica, es decir, carece de cualquier connotación religiosa**. Conocer sus orígenes es importante, pero no se debe confundir con una práctica de carácter religioso, dado que no es así. De hecho, el mindfulness ha generado que la meditación, en sí misma, se conciba como una práctica terapéutica con una interesante aplicación en el ámbito clínico.

¿Y CÓMO HA LLEGADO A SER OBJETO DE LA CIENCIA EN LA ACTUALIDAD?

Como consecuencia de la Segunda Guerra Mundial, los conocimientos del budismo iniciarían su expansión más allá de las fronteras de Oriente y pronto suscitaría el interés de los occidentales, principalmente en Europa y en Estados Unidos. Dos acontecimientos históricos fueron determinantes en que esto sucediera. En 1945, la bomba atómica de Hiroshima y Nagasaki ocasionó la despoblación de Japón. Y, cinco años después, la invasión china del Tíbet. Podemos decir que esos fueron dos de los sucesos más determinantes. La emigración a Occidente facilitó que las antiguas enseñanzas de la tradición budista se dieran a conocer en el resto del mundo.

Poco a poco, los beneficios de la meditación despertaron un gran interés en Occidente. Sin embargo, supuso mucho tiempo de investigación y un gran esfuerzo llegar a lo que hoy conocemos como mindfulness. El principal objeto de estudio fue el estrés y el objetivo de los investigadores, incluyendo psicólogos y psiquiatras, se centró en hallar las herramientas necesarias para mitigar el estrés de los pacientes y evitar el sufrimiento de las personas aquejadas por el dolor cronificado. **Exhaustivos estudios pormenorizados sobre el efecto que tenían en el organismo físico y en la mente la práctica de las disciplinas orientales hicieron posible el nacimiento del mindfulness**.

Sería interesante puntualizar que la filosofía del mindfulness tiene mucho que ver con la aplicación de la **medicina integrativa,** cada vez más extendida y aplicada, ya que supone una nueva óptica en la que los pacientes son los protagonistas y deben estar implicados en los procesos de recuperación trabajando en su actitud y conducta para conseguir los mejores resultados posibles. Además, en la medicina integrativa toma especial relevancia la calidad de la comunicación entre pacientes y profesionales, con el fin de reconocer todos los aspectos que intervienen en la superación y recuperación de la dolencia.

Esta visión hizo que Jon Kabat-Zinn se dedicara al estudio intensivo de la meditación, y desarrolló uno de los protocolos de mindfulness más importantes para el tratamiento del estrés y el dolor crónico.

En las últimas décadas, y gracias a los avances de la ciencia en cuanto a desarrollo de la tecnología y de las técnicas de investigación, **el mindfulness se ha convertido en motivo de examen de la neurociencia**. Esta ciencia se encarga del estudio del cerebro y de cómo funciona el sistema nervioso. Estudia el efecto que este tiene en las capacidades cognitivas y metacognitivas y en el comportamiento humano. La neurociencia es una ciencia desde la que parten diferentes ramas de especialización, dado que el estudio del cerebro humano es increíblemente amplio. Los primeros estudios se remontan a hace más de 4000 años y es en Egipto de donde proceden los primeros registros de investigación en este campo.

A lo largo de la historia, numerosos y destacados investigadores científicos se ocupan del estudio cerebro. Desde Hipócrates, en la Antigua Grecia, quien ya enfatizaba el papel del cerebro y que ha sido considerado como «el médico más grande de todos los tiempos», pasando por Leonardo da Vinci (1452-1519), Andreas Vesalio (1514-1564) con su obra referente en el campo de la medicina *De humani corporis fabrica* (sobre la estructura, anatomía, del cuerpo humano), pasando por Pierre-Paul Broca (1824-1880) ya en el s. XIX, entre otros muchos investigadores destacados que ofrecieron grandes aportaciones a este campo. Fueron importantes hallazgos que arrojaron luz sobre el funcionamiento y características del cerebro hasta llegar al siglo XX, en el que merece una especial mención al célebre médico y científico español Santiago **Ramón y Cajal** (1852-1934), considerado como **«el padre de la neurociencia moderna»**. Esta ilustre figura científica fue Premio Nobel de Medicina en 1906 «en reconocimiento de su trabajo sobre la estructura del sistema nervioso» y en 1907 fue nombrado «Presidente de la Junta para Ampliación de Estudios e Investigaciones Biológicas» (JAE, 1907-1939), perteneciente al Ministerio de Instrucción Pública y Bellas Artes. Sus fascinantes descubrimientos acerca de la anatomía microscópica del sistema nervioso, sus conclusiones en relación a la degeneración y regeneración del mismo y sus teorías sobre su función, crecimiento y plasticidad supusieron un hito en la historia de España al situar al país en primera línea como referente mundial en el ámbito científico. El resultado de sus casi cinco décadas de trabajo son en la actualidad motivo de investigación y aliciente científico para el mundo de la ciencia a nivel internacional.

Para el tema que nos ocupa, es interesante apuntar que la «neurobiología de la meditación» es el área de la neurociencia que trata del estudio del mindfulness. Gracias a ella y a los grandes avances en tecnología para el diagnóstico en las últimas décadas, hemos podido avanzar mucho en el estudio de nuestro cerebro. Especialmente a la hora de observar lo que ocurre en él cuando meditamos y cómo esta práctica llega a modificar las estructuras cerebrales, siempre que se realice con regularidad. Además, es oportuno destacar el efecto positivo que esto supone para la neuroplasticidad de nuestro cerebro, como iremos descubriendo.

PRINCIPALES INVESTIGADORES

A mediados de la década de los setenta, el mindfulness empezó a tomar un gran interés como objeto de estudio por parte de los científicos.

El doctor en Biología Molecular del Instituto de Tecnología de Massachusetts (MIT) y profesor emérito de Medicina de la Universidad de Massachusetts **Jon Kabat – Zinn** es considerado «el padre del mindfulness» ya que fue pionero en el estudio de las interacciones cuerpo-mente para la superación de enfermedades e incluyó técnicas de meditación en la psicología y medicina occidental. Sus estudios se centraron, especialmente, en el estudio del impacto que el mindfulness tiene en el cerebro de quienes lo practican. Desde 1979, sus exhaustivas investigaciones le han llevado a realizar grandes avances en este campo de estudio de las que, a su vez, nacería el protocolo REBAP (Reducción del Estrés Basada en la Atención Plena). MBSR o REBAP (sus siglas en español) consiste en un programa con enfoque en la integración de técnicas de meditación en la medicina y psicología occidental de 8 semanas de duración, donde se entrena y se cultiva la conciencia plena para desarrollar las actitudes y aptitudes necesarias para afrontar el estrés y el sufrimiento. Además, es autor y coautor de numerosos libros sobre la práctica de este tipo de meditación, algunos de ellos son considerados referencias destacadas sobre el mindfulness y sus múltiples aplicaciones.

Daniel Goleman (1946) es mundialmente conocido por sus afamadas publicaciones, entre las que destaca, indiscutiblemente, el bestseller internacional *Inteligencia Emocional (1995)*. Es considerado como uno de los psicólogos más influyentes de las últimas décadas. Es Doctor en Desarrollo Clínico de la psicología y la personalidad por la Universidad de Harvard, periodista y escritor. Escribió durante años sobre neurociencia y comportamiento para *The New York Times*. Goleman afirma que, a través de la meditación, podemos entrenar la inteligencia emocional y que esta supone un gran instrumento para reducir la reactividad y ofrecer una mejor respuesta ante las dificultades propias de la experiencia humana.

Richard J. Davidson (1951), junto a Daniel Goleman, es uno de los primeros científicos que participó en experimentos donde intentaban descubrir los mecanismos que se activan durante la meditación. Es psicólogo, Doctor en Psicología, Psicopatía y Psicofisiología, especializado en Neurología del comportamiento y la Neuroanatomía por la Universidad de Harvard. Actualmente, trabaja en la universidad de Wisconsin-Madison como docente y como director del Laboratorio Waisman de Comportamiento e Imagen cerebral, del Laboratorio de Neurociencia Afectiva y del Centro para la Investigación de Mentes Saludables. Con más de doscientos artículos y trece libros a sus espaldas, recibió el Premio a la Contribución Científica Distinguida de la Asociación Americana de psicología, en el año 2000, por el logro de toda una vida. En 2006 la Revista *Time* le nombró como una de las personas más influyentes del mundo y, en 2021, se estrenó *Free The Mind*, una película documental sobre su trabajo.

Zindel V. Segal es psicólogo cognitivo, Doctor por la Universidad de Queen, especializado en depresión, profesor emérito de Psicología de los Trastornos del estado de Ánimo en la universidad de Toronto. Es uno de los fundadores de la Academia de Terapia Cognitiva. Desarrolló la terapia cognitiva basada en la atención plena (MBCT) con Mark Williams y John Teasdale, con el fin de prevenir las recaídas en depresión crónica. Coautor de diversos libros sobre suicidio y depresión, se le han otorgado el premio Hope de la Asociación de Trastornos del Estado de Ánimo de Ontario y el premio Douglas Utting por su trabajo y conocimientos sobre el tratamiento de la depresión.

Ronald Siegel es Doctor en psicología cognitiva y profesor en la Universidad de Harvard además de profesor adjunto de psiquiatría en la Universidad de Massachusetts. Forma parte de la junta directiva del profesorado del

Instituto de Meditación y Psicoterapia, una organización sin ánimo de lucro, en Cambridge. Es uno de los científicos más importantes en el campo del mindfulness e imparte cursos de meditación y psicoterapia en tratamiento mente-cuerpo en Estados Unidos. Es autor de varios libros, además de coautor del destacado libro «Mindfulness y psicoterapia» (2015), junto a Paul R. Fulton y Christopher K. Germer.

Sarah Lazar es Doctora en psicología, profesora en la Universidad de Harvard e investigadora en el departamento de Psiquiatría del Hospital General de Massachusetts. Estudia el impacto del yoga y la meditación en las diversas funciones cognitivas y conductuales. Practicante de yoga y mindfulness, desde hace casi 30 años, es miembro de la junta directiva del IMP (Instituto para la Meditación y Psicoterapia). Además, coordinó una investigación en la que, gracias a las pruebas de resonancia magnética, se demostró que las personas que practican meditación un mínimo de veintisiete minutos diarios durante, al menos, dos meses, incrementaban la densidad de su materia gris en el hipocampo del cerebro. Recordemos que dicha zona del cerebro está vinculada al aprendizaje, la memoria y la autoconciencia.

BENEFICIOS DEL MINDFULNESS

«Todo hombre puede ser, si se lo propone, escultor de su propio cerebro».
Santiago Ramón y Cajal

Además, como podemos ver, la psicología y la psiquiatría han ido de la mano en el estudio y la aplicación de esta práctica. Gracias a importantes estudios, se han podido demostrar científicamente los beneficios del mindfulness, en cuanto a la salud física y mental y en relación al bienestar de las personas que la practican.

El mindfulness ofrece a quienes la incorporan a su rutina diaria la oportunidad de modificar con mayor facilidad sus patrones de conducta y sus hábitos, por otros más beneficiosos para su salud y bienestar. Además, cada vez hay más estudios que evidencian que el mindfulness permite una respuesta emocional más adaptativa, lo que lo convierte en un buen recurso en las terapias psicológicas, por ejemplo. De hecho, los doctores John Teasdale y Zindel Segal (2002) con la práctica del mindfulness ayudaban a evitar las recaídas por depresión.

Tengamos en cuenta los recientes datos estadísticos que han sido publicados por los organismos oficiales en relación a enfermedades pandémicas como la obesidad, la depresión y otros trastornos importantes...

Es el caso de los Trastornos de la Conducta Alimentaria, son consideradas enfermedades mentales graves.

Afectan al menos al 9 % de la población mundial. Las mujeres son las más afectadas con 9 de cada 10 casos. Aproximadamente, el 65 % de las personas que sufren un TCA consiguen recuperarse totalmente. Sin embargo, en alrededor de un 10 % la enfermedad se cronifica. La prevalencia en este grupo de edad se sitúa entre un 3 y un 4 % en el caso de la anorexia nerviosa y entre un 1 y un 2 % en el caso de la bulimia nerviosa y del trastorno de la conducta alimentaria no especificado.

Alrededor de 400 000 personas padecen en España algún trastorno de la conducta alimentaria (TCA), de los que 300 000 son chicos y chicas de entre 12 y 24 años.

La depresión, por otra parte, es una enfermedad frecuente en todo el mundo, pues se estima que afecta a un 3,8 % de la población, incluidos un 5 % de los adultos y un 5,7 % de los adultos de más de 60 años. A escala mundial, aproximadamente 280 millones de personas tienen depresión y afecta más a la mujer que al hombre.

En el peor de los casos, puede llevar al suicidio. Cada año se suicidan más de 700 000 personas, siendo esta la segunda causa más común de muerte entre los jóvenes en todo el mundo. El 77 % de los suicidios se produce en los países de ingresos bajos y medianos.

SALUD MENTAL Y COVID-19

La pandemia ha incrementado los casos de depresión y ansiedad a nivel mundial. En España, los casos de depresión y ansiedad aumentaron alrededor del 35 %, mientras que en países como Chile, México o Argentina, aumentaron más del 38,7 %. También los confinamientos aumentaron la ansiedad y depresión en todos los rangos de edad.

Por todo ello, parece interesante considerar la práctica del mindfulness en nuestras vidas en particular y en nuestra sociedad en general.

Recientes investigaciones demuestran la eficacia de la práctica del mindfulness en, por ejemplo, el tratamiento de TCA.

Uno de los últimos estudios del pasado año 2021, se centraba en demostrar cómo **«las intervenciones generales basadas en la atención plena reducen la reactividad al estrés y los atracones emocionales y compulsivos»** Estos estudios, en concreto, se basaban en un tratamiento para adultos con antojos de alimentos. El objetivo residía en cultivar una conciencia sin juicio hacia las experiencias en el momento presente y promover, de ese modo, una mayor autorregulación.

Y, si avanzamos en la observación del efecto que tiene la aplicación, en concreto, del mindful eating en los casos de TCA (Trastornos de la Conducta Alimentaria), como es el caso de la anorexia nerviosa, encontramos alentadores y prometedores resultados.

Existen numerosos estudios de casos y tratamiento que han proporcionado evidencia preliminar de la eficacia de estas nuevas terapias en el tratamiento del Trastorno por Atracón, así como en el tratamiento de la Bulimia Nerviosa y la Anorexia Nerviosa.

La aplicación de la atención plena supone una disminución significativa en los antojos de alimentos, el pensamiento dicotómico, la preocupación por la imagen corporal, la alimentación emocional y la alimentación externa. **Hoy disponemos de recientes estudios que demuestran los beneficios del mindfulness en el control de peso en pacientes con obesidad.** Llegamos a la conclusión, una vez más, de que la práctica de la atención plena puede ser una forma muy efectiva de reducir los factores asociados con el comportamiento alimentario problemático. Y no solo eso, ya que cada vez existe más evidencia de que la práctica del mindfulness y el mindful eating, en concreto en adultos, parece ser beneficiosa para comer más despacio, sentir cuando se está lleno, e incluso mantener el peso deseado. Y en el caso de los estudios realizados con adolescentes se han evidenciado resultados favorables en cuanto a mantener una alimentación más saludable, disminuir los atracones, mejorar la calidad del sueño y reducir la depresión, mientras se adquiere una mejor salud física.

Merece una especial mención la práctica del mindfulness a la hora de conseguir integrar nuevos hábitos de alimentación saludable. Y esto es debido a que, como sabemos, todo cambio supone una molestia, una incomodidad e, incluso, puede suponer una sensación de dolor en las primeras partes del proceso. Para superarlo es muy importante, como ocurre en los tratamientos del dolor crónico o en estados de convalecencia o de rehabilitación en un proceso de recuperación, **aceptar las circunstancias,** usualmente limitantes, que suelen estar asociadas a ese punto de partida, ya que no suelen suponer una experiencia agradable para quien las experimenta. Por ello, esta práctica supone una importante aliada a la hora de aceptar esa parte inicial del proceso que es, sin duda, la que más esfuerzo y energía supone. **Aceptar que, por encima de todo, nuestro punto de partida no es el ideal y, a continuación, estar dispuestos a afrontar el proceso de adaptación nos va a requerir grandes dosis de compromiso, responsabilidad y disciplina, sobre todo al principio.**

También, en el ámbito clínico, en la gestión de los equipos sanitarios y la relación entre sanitario y paciente, se han reconocido importantes beneficios proporcionados por la práctica habitual de mindfulness. **La empatía, la comprensión, la capacidad de compasión** hacia los pacientes aumenta con la práctica habitual de técnicas de mindfulness. Por otro lado, la comunicación es mucho más efectiva, por parte de los pacientes, a la hora de reconocer con mayor facilidad sus sensaciones e identificar sus estados tanto físicos como anímicos.

> **NOTA**
>
> Es importante aclarar que, independientemente de todas sus virtudes, el mindfulness no es una terapia para tratar psicopatología o una enfermedad diagnosticada. Aunque, en el contexto de los estudios clínicos, sí se puede integrar como parte de una terapia y, seguidamente, aplicar un protocolo de aplicación.

MEDITACIÓN Y MICROBIOTA

Un estudio (Dr. Jia) de 2020 demostró que la composición de la microbiota de personas que practicaban meditación cada día (30 min) era diferente de la de personas que se alimentaban igual pero no meditaban. Vieron que la composición de la microbiota mejoraba con la meditación, pues cuanto más tiempo practicando más cambios (a mejor) en la composición.

SISTEMA INMUNE & MINDFULNESS

En los últimos tiempos, el sistema inmune, inmunológico o inmunitario ha tomado un gran protagonismo a causa de la pandemia de la COVID-19 y el impacto que esta ha tenido en nuestra visión del mundo, de nosotros mismos y de nuestro propio organismo. Pero, **¿cuál es la función de este sistema y cómo podemos, realmente, ayudar a que funcione de forma óptima?**

El sistema inmunológico es «el conjunto de estructuras y procesos biológicos en el interior de un organismo que le permiten mantener la homeostasis o equilibrio interno frente a agresiones externas, ya sean de naturaleza biológica (agentes patógenos) o físico-químicas (contaminantes o radiaciones) e internas (como las células cancerosas)». Esta es la definición según el Instituto Nacional de Alergias y Enfermedades que detalla en su «Descripción general del sistema inmunitario».

Hay dos clases de sistema inmune: el natural (innato) y el adaptativo (adquirido o específico). El primero es el sistema inmune con el que nacemos, está genéticamente codificado y a él le debemos que podamos transmitir a nuestros descendientes los aspectos que nos defienden eficazmente de las infecciones. Este último, el adquirido, hace posible que las personas podamos mejorar nuestro sistema de defensa. Tiene la particularidad, con respecto al sistema inmune natural, de servirse de la «memoria» de las células que actúan ante una infección. Esta memoria inmunológica es relevante, puesto que facilita la identificación del patógeno, en sucesivas infecciones, con el objetivo de erradicarlo del organismo más rápidamente.

La respuesta inmune es posible gracias a que el sistema inmune natural y el adquirido trabajan conjuntamente, están interconectados.

Una alteración en nuestro sistema inmune puede degenerar en enfermedades y problemas importantes de salud como la inmunodeficiencia, la hipersensibilidad o derivar en que acabemos padeciendo un trastorno autoinmunitario, lo que, en cualquiera de los casos, nos puede suponer una grave afección y un empeoramiento considerable de nuestra calidad de vida. Por ello, es necesario comprender la importancia que tiene para nuestra salud y bienestar este sistema de defensa.

Debemos tomar consciencia de que una correcta alimentación, adecuada a nuestro organismo, es vital para su buen funcionamiento; que la actividad física, según nuestras características propias, es otro aspecto básico para reforzarlo y que el manejo del estrés supone un pilar fundamental en el cuidado y refuerzo de nuestro sistema inmune para todas las personas, indistintamente de su edad, sexo, raza o cualquier particularidad física.

Cuando experimentamos estrés nuestro sistema activa los mecanismos de huida o de lucha, lo que provoca que el sistema simpático responda. De este modo, aumenta el ritmo cardiaco y de la respiración, se genera adrenalina y noradrenalina y dejan de funcionar ciertas funciones que no son imprescindibles para esa situación como es pensar o hacer la digestión. Aumenta la capacidad de respuesta y la fuerza. Y disminuye la capacidad de sentir dolor. La adrenalina se puede activar en dos minutos y no disminuir hasta no haber pasado más de una hora.

Resumiendo, y simplificando al máximo el proceso: el hipotálamo envía señales mediante el sistema nervioso simpático a algunos órganos. En ese momento, se ponen en acción las glándulas suprarrenales que están en la zona superior de cada riñón segregando algunas hormonas, como la adrenalina y la noradrenalina. Mediante el torrente sanguíneo, la adrenalina llega a los órganos. Entonces, el hígado libera las reservas de glucógeno (glucosa) con el fin de proporcionar la máxima energía a nuestro organismo y que así pueda huir o luchar. Por supuesto, como acabamos de mencionar, se aumenta la frecuencia del corazón.

El organismo se llena de adrenalina, una hormona que es secretada por las glándulas suprarrenales y es parte del grupo principal de neurotransmisores del sistema nervioso y el cortisol. Estos neuroquímicos se quedarán en nuestro organismo más tiempo del necesario, ya que no se lleva a cabo una acción física que facilite la reducción de sus niveles. El organismo sufre un desequilibrio de la homeostasis, lo cual genera una sensación de malestar generalizada y, además, vemos disminuida nuestra capacidad de dar atención, ya que afecta a nuestras funciones/capacidades cognitivas, dificultando la resolución favorable del acontecimiento que nos ha producido la situación de estrés, por ejemplo.

Al sentir que la amenaza ha desaparecido, el organismo reestablece el equilibrio (homeostasis), para lo que es necesario el sistema parasimpático, el cual tiene la función opuesta: ralentizar las funciones. Gracias al sistema parasimpático podemos descansar, relajarnos y sentimos menos energía, o incluso sueño, después de comer.

Si sufrimos estrés, pero no hay una causa de riesgo físico real que implique una mayor actividad física por nuestra parte, sentiremos irritabilidad, malestar. Se ha producido un aumento de glucosa en sangre que implica un aumento de energía que no se está liberando. Recordemos que un aumento de presión arterial puede provocar mareo, arritmias, visión desenfocada e, incluso, hemorragia cerebral en casos extremos.

Los estudios de los investigadores Michael Murphy y Steven Donovan concluyeron que la práctica de la meditación ayuda a reducir la hipertensión.

En este punto es importante tener en cuenta que la práctica de la meditación tiene un papel muy interesante en la creación de melatonina. La dehidroepiandrosterona (DHE), un esteroide básico para el funcionamiento del sistema inmune, se ve incrementado con esta práctica. Lo mismo sucede con la serotonina, un neurotransmisor que interviene en el sueño, el apetito y los estados anímicos de cada uno de nosotros.

Y, por si no hubiera ya suficientes razones de peso como para tener en cuenta esta práctica, debo añadir que, según un estudio de la **Premio Nobel de Medicina (2009) Elisabeth Blackburn,** la meditación puede retrasar el envejecimiento biológico. A su vez, junto a los resultados proporcionados por la bioquímica Blackburn, otros estudios apoyan la función determinante que tiene la meditación en la regeneración de la DHEA, una prohormona endógena encargada de los aspectos que repercuten en el envejecimiento.

Por esta razón, incorporar la práctica del mindfulness en nuestra rutina diaria puede suponer grandes beneficios en nuestra salud, tanto física como mental.

MICROBIOTA Y SISTEMA INMUNE

La relación entre el sistema inmune y la microbiota desempeña una función determinante en el mantenimiento de la homeostasis metabólica y además tiene relevancia desde el punto de vista del desarrollo de ciertas enfermedades como alergias, enfermedades intestinales y cardiovasculares, cáncer, metabólicas y obesidad.

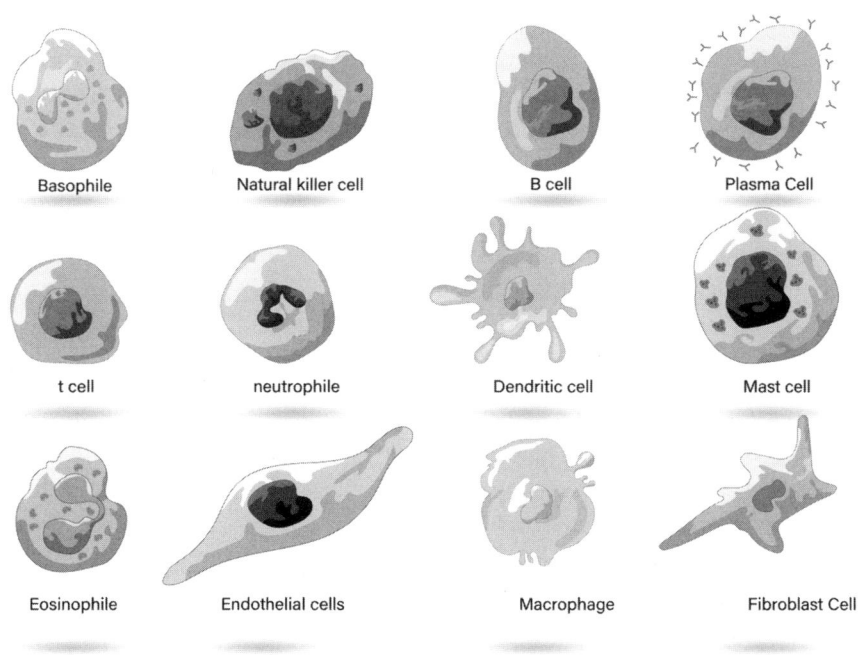

A día de hoy no es todavía muy alto el conocimiento a nivel molecular de las interacciones que puedan explicar estos efectos pero sí está claro que existe una asociación entre alteraciones de la microbiota intestinal y una disfunción de la función inmune a nivel de respuesta innata y adaptativa. Estas alteraciones del sistema inmune pueden llegar a ser tan importantes como para provocar incluso la destrucción de células β productoras de insulina por células del propio sistema inmune.

Se han identificado en la flora intestinal microorganismos como Bacteroides fragilis, que son capaces de estimular la diferenciación de linfocitos T, la producción de interleuquina 10 y la secreción de polisacáridos que sirven de cohesión para la barrera intestinal. También hay microorganismos como Clostridium que favorecen la expresión de TFG-β en el colon y la secreción de anticuerpos IgE y eso tiene efectos positivos en la respuesta inmunológica. Estos descubrimientos justifican el posible uso de ciertos microorganismos y sus metabolitos en la prevención y tratamiento de patologías relacionadas con el sistema inmune como la diabetes tipo 1 y la obesidad. La diabetes tipo 2 es una patología del tipo autoinmune en la cual las células β productoras de insulina son destruidas por los linfocitos T CD8+ y además hay alteraciones en la expresión de la interleuquina-17, lo cual está relacionado con otros procesos de autoinmunidad. Con el tiempo su incidencia se ha ido incrementando y diferentes autores sugieren que puede haber influencia de la dieta y de la microbiota en su desarrollo algo que también se ha sugerido en el caso de la obesidad.

Los individuos que padecen diabetes tipo 1 presentan altas proporciones de Clostridium, Bacteroides y Veillonella y bajas de Bifidobacterium y Lactobacillus. Además, parecen tener menor diversidad en la composición de su microbiota en comparación con los individuos sanos.

La realidad es que la patogenia de las enfermedades autoinmunes no solo se atribuye a susceptibilidades genéticas, sino también a factores ambientales, entre los cuales la microbiota intestinal alterada ha atraído una atención cada vez mayor. Se han informado cambios en la composición y también desde el punto de vista funcional de la microbiota intestinal en varias enfermedades de tipo autoinmune, y la evidencia es cada vez mayor en cuanto a que sugiere que la microbiota intestinal alterada contribuye a su inmunopatogénesis. Los mecanismos de acción actualmente aceptados incluyen la translocación microbiana anormal, el mimetismo molecular y la desregulación de la inmunidad local y sistémica. Los estudios también han sugerido modelos de clasificación basados en la microbiota e intervenciones terapéuticas para pacientes con este tipo de enfermedades autoinmunes. Se necesitan con urgencia y se están realizando más estudios que permitan conocer en profundidad la interacción microbiota-autoinmunidad en el este tipo de enfermedades para explorar biomarcadores de diagnóstico novedosos y precisos y desarrollar estrategias terapéuticas adaptadas a la enfermedad y al paciente.

Las infecciones se han relacionado con el desarrollo de enfermedades cardiovasculares y aterosclerosis. Los hallazgos de la última década han identificado ecosistemas microbianos que residen en diferentes hábitats del cuerpo humano que contribuyen a los trastornos metabólicos y relacionados con las enfermedades cardiovasculares. Hay tres vías por las cuales la microbiota podría afectar la aterogénesis. Primero, las infecciones locales o distantes pueden causar una respuesta inflamatoria dañina que agrava el desarrollo de la placa o desencadena la ruptura de la placa. En segundo lugar, el metabolismo del colesterol y los lípidos por la microbiota intestinal puede afectar el desarrollo de placas ateroscleróticas. En tercer lugar, la dieta y los componentes específicos que son metabolizados por la microbiota intestinal pueden tener varios efectos sobre la aterosclerosis; por ejemplo, la fibra dietética es beneficiosa, mientras que el metabolito bacteriano trimetilamina-N-óxido se considera dañino. Aunque bacterias específicas se han asociado con la aterosclerosis, lo que está respaldado por una creciente evidencia científica, quedan varias preguntas por responder para comprender completamente cómo la microbiota contribuye a la aterosclerosis y la enfermedad cardiovascular. Este conocimiento podría allanar el camino para nuevos diagnósticos y terapias basados en la microbiota.

Se ha demostrado que la microbiota intestinal afecta el metabolismo de los lípidos y los niveles de lípidos en la sangre y los tejidos, tanto en ratones como en humanos. La influencia de la microbiota intestinal en el metabolismo de los lípidos del huésped puede estar mediada por metabolitos producidos por la microbiota intestinal como los ácidos grasos de cadena corta, ácidos biliares secundarios y trimetilamina y por factores proinflamatorios derivados de bacterias como el lipopolisacárido.

EJE INTESTINO – CEREBRO

HISTORIA

A finales del S.XIX, Ivan Pavlov desarrolla la bolsa Pavlov para estudiar el proceso de digestión en perros. Estos estudios sientan las bases para nuestra comprensión del papel crítico que desempeña el eje intestino-cerebro en los procesos homeostáticos en la salud y la enfermedad.

Pero no fue hasta 1980, con la tecnología de las imágenes cerebrales, cuando surgió la apreciación completa de la bidireccionalidad de este eje intestino-cerebro.

Finalmente, en las últimas décadas, un nuevo jugador surgió como un regulador clave del eje intestino-cerebro: la microbiota.

Se llegó a esto a través de varios estudios y líneas de investigación:

- Estudios en animales libres de gérmenes mostraron que el cerebro se ve afectado en ausencia de microbiota.
- Animales que recibieron cepas específicas de bacterias tuvieron alteraciones en el comportamiento, y los estudios en humanos de tales cepas confirmaron la posible traducibilidad de tales hallazgos
- Estudios poblacionales de personas expuestas a la infección demostraron alteraciones en los síntomas intestino-cerebro.
- Estudios preclínicos con administración de antibióticos, ya sea en la vida temprana o en la edad adulta, han demostrado efectos duraderos en el cerebro, la médula espinal y el sistema nervioso entérico.

Finalmente, estos datos se sinergizaron con la situación clínica conocida desde hace mucho tiempo de que la encefalopatía hepática podría tratarse ampliamente dirigiéndose a la microbiota con antibióticos en humanos.

Una vez que se entendió que la microbiota podía comunicarse efectivamente con nuestro cerebro, una avalancha de estudios buscó comprender los intrincados procesos involucrados.

El concepto del eje microbiota-intestino-cerebro surgió así.

En las últimas décadas, los campos de la microbiología y la neurociencia se han entrelazado cada vez más.

Aunque el concepto de eje microbiota-intestino-cerebro es relativamente nuevo, cada vez se acepta más que la microbiota residente puede ejercer una influencia considerable sobre el comportamiento del huésped.

VÍAS DE ACTUACIÓN

SISTEMA NERVIOSO À NERVIO VAGO

El vago es la principal conexión neuronal entre el intestino y el cerebro, la ingestión de bacterias beneficiosas modula el comportamiento y la neuroquímica cerebral a través de esta vía.

Distintas bacterias producen neurotransmisores, como la serotonina, GABA o dopamina, que no pueden atravesar la barrera hematoencefálica, pero sí comunicarse a través del nervio vago.

Dados los altos niveles de serotonina en el intestino, se consideró la señalización intestino-cerebro, y específicamente la vía vagal, podría contribuir al efecto terapéutico de los inhibidores selectivos orales de la recaptación de serotonina.

Estudios apuntan que enfermedades como el Parkinson podría iniciarse en el intestino y ser transmitida a través del nervio vago.

Se sabe de la importancia del nervio vago como vía de comunicación, entre otros datos, porque al cortarlo se observan que muchos resultados no se dan.

Cuando hablamos de psicobióticos y en general de antojos generados por nuestras bacterias, es el nervio vago la vía de comunicación que estas emplean para la transmisión de estos antojos.

SISTEMA INMUNE

Se sabe que gran parte del sistema inmune se centra en nuestro intestino.

Disbiosis o permeabilidad intestinal sobreexcitan nuestro sistema inmune y se asocia con ciertos desórdenes mentales y/o emocionales debido a que el sistema inmune se activa «innecesariamente» y eleva la inflamación a través de citoquinas inflamatorias que afectan a la barrera hematoencefálica que también se vuelve permeable (en estudio actualmente).

SISTEMA ENDOCRINO

El estrés causa liberación de ciertas hormonas como adrenalina o cortisol que existen para permitirnos sobrevivir a momentos puntuales de peligro/riesgo.

Cuando el estrés se vuelve crónico se desregula el ciclo de estas hormonas, el cuerpo limita recursos de nuestro sistema inmune para emplearlo en lucha/huida. Además, la comunicación intestino-cerebro también se ve mermada ya que el sistema nervioso parasimpático disminuye muchas funciones digestivas y se empobrece la microbiota.

El 90 % de la serotonina del cuerpo se produce en las células de la mucosa intestinal y el 50 % de la dopamina se produce también en el intestino.

La microbiota modula además el metabolismo de la dopamina.

EJE INTESTINO-CEREBRO Y NERVIO VAGO

Como parte del sistema nervioso periférico, el sistema nervioso autónomo se subdivide funcionalmente en el sistema nervioso entérico, simpático y parasimpático. Dado que todos estos sistemas también están involucrados en la regulación de la función gastrointestinal, proporcionan el objetivo más fácil para una interacción de la microbiota con el tejido nervioso.

De estos, el nervio vago ofrece además un vínculo directo entre el intestino grueso y el cerebro, que lo convierte en un candidato interesante para el estudio del eje intestino-cerebro.

Como tal, varios de los estudios que investigan los cambios conductuales y neurofisiológicos investigaron la contribución del nervio vago.

Los estudios sugieren que el nervio vago es un mediador importante, aunque aparentemente no el único, de la interacción microbiota-intestino-cerebro y puede depender de la cepa bacteriana utilizada.

Por ejemplo, existe un tipo de bifidobacterias que generan butirato. El butirato, además de que sana y construye la mucosa intestinal, puede atravesar la barrera hematoencefálica, y al penetrar en el cerebro provoca buen humor, alivia la inflamación y estimula la producción de una hormona del crecimiento cerebral. La vía de paso de este butirato es el nervio vago a través del torrente sanguíneo.

Entre las muchas funciones del nervio vago, una muy interesante es la de controlar las señales de hambre-saciedad. Cuando estamos saciados es el nervio vago quien avisa al cerebro para que paremos de comer, esto ocurre cuando nuestro cuerpo detecta suficientes niveles de macronutrientes, y el hígado produce la hormona péptido al detectar aumento de los niveles de azúcar en sangre. Del mismo modo ocurre lo contrario.

Muchos medicamentos para evitar sobrepeso aprovechan este mecanismo y lo «imitan», pero nuestro propio cuerpo puede hacerlo a través de la activación del nervio vago.

Los virus y algunas proteínas pueden viajar por el nervio vago. Por ejemplo, cuando tenemos gripe nuestra microbiota se modifica y esa alteración microbionómica es transmitida al encéfalo vía nervio vago. El propio virus de la gripe puede alcanzar el cerebro por esa vía.

OTROS DATOS INTERESANTES

El eje intestino-cerebro juega un papel de primer orden en el proceso de regulación del azúcar en la sangre. Cuando comemos, el intestino (debido a las neuronas que lo componen) se contrae y digiere los alimentos.

La modulación de la microbiota intestinal con prebióticos modifica las acciones de las neuronas entéricas, controlando así la contracción duodenal y posteriormente atenuando la hiperglucemia en ratones diabéticos.

El síndrome del intestino irritable, que es altamente comórbido con trastornos del estado de ánimo como la depresión, también conduce a una disminución del rendimiento cognitivo.

MICROBIOTA CEREBRAL

¿MICROBIOTA CEREBRAL?

Todo se complica más cuando se ha visto que la microbiota intestinal influye en la microbiota cerebral (descubierta hace 4 años) que se sugiere que también de alguna forma puede interaccionar con el cerebro e influir en comportamiento, estado de ánimo...

Hace unos 4 años (más o menos) se descubrió que existe una microbiota cerebral. Fue un descubrimiento (como muchos en la ciencia) casual mientras se trabajaba con un primate en un experimento relacionado con el sida.

Luego se observó que en el ser humano también existía esa microbiota cerebral. Actualmente, se sabe que se encuentra en el hombre y en primates pero no en otros mamíferos (y esto abre las puertas a alguna hipótesis según la cual este hecho pudo tener algo que ver en la evolución).

¿DE DONDE VIENEN? Y...¿QUÉ HACEN?
NEUROBIOLOGÍA, PSIQUIATRÍA Y BACTERIAS CEREBRALES Y DEL TRACTO GASTROINTESTINAL

Parece que la bacterias cerebrales proceden de la microbiota intestinal. Los macrófagos las transportan desde intestino por la circulación hasta el propio cerebro.

Las bacterias presentes en el cerebro no son neutras, de alguna forma interaccionan con las neuronas (estudios invitro sugieren que favorecen la creación de redes neuronales) y de hecho se sugiere que ciertas enfermedades relacionadas con el cerebro (depresión y otras) pueden estar relacionadas con alteraciones en la microbiota cerebral (de hecho las personas enfermas tienen una «flora bacteriana cerebral» diferente).

Se puede proponer y aventurar una sugerente hipótesis y es el hecho de que la exposición de las personas a los alimentos fermentados que llevaban bacterias vivas pudo modificar y favorecer el aumento de la microbiota intestinal y jugar un papel protagonista en el desarrollo cerebral (y se ha propuesto un solapamiento temporal entre ambos hechos).

Se habla de que un gen (concretamente el RUNX2) que tiene importancia en la evolución del cerebro del humano puede ser modulado por probióticos.

Es más, hay científicos investigando que de alguna forma una parte de las depresiones pudieran ser «una sensación visceral» que en parte pudiera estar mediada por la microbiota.

Algunos autores ya utilizan el término de psicobióticos (probióticos que al ser ingeridos pueden provocar mejoras en enfermedades psiquiátricas).

Pero, más allá del cerebro, no hay que olvidar que un 90 % de la serotonina (un neurotransmisor) de nuestro organismo se produce en el intestino, junto a la microbiota. Turicibacter sanguinis y Clostridia producen moléculas que hacen que las células intestinales, a su vez, produzcan más serotonina. Ciertos autores relacionan estas alteraciones con riesgo de depresión...y sugieren el uso de psicobióticos. Ciertos campos de la psquiatría se están enfocando en conocer la relación entre la microbiota y la neurobiología del estrés.

Al aprovechar los modelos animales, se han identificado varias vías de comunicación diferentes a lo largo del «eje intestino-cerebro», incluidas las impulsadas por el sistema inmunológico, el nervio vago o por la modulación de compuestos neuroactivos por la microbiota. De estas últimas, se ha demostrado que las bacterias producen y / o consumen una amplia gama de neurotransmisores de mamíferos, que incluyen dopamina, norepinefrina, serotonina o ácido gamma-aminobutírico (GABA). La evidencia acumulada en animales sugiere que la manipulación de estos neurotransmisores por bacterias puede tener un impacto en la fisiología del huésped, y los estudios preliminares en humanos muestran que las intervenciones basadas en la microbiota también pueden alterar los niveles de neurotransmisores. No obstante, se requiere mucho más trabajo para determinar si la manipulación de la neurotransmisión humana mediada por la microbiota tiene implicaciones fisiológicas y, de ser así, cómo se puede aprovechar terapéuticamente. En esta revisión, se discuten esta emocionante ruta de comunicación a lo largo del eje intestino-cerebro y los datos que la acompañan.

Aún no se ha demostrado de manera convincente que los emocionantes y sugerentes hallazgos que «hablan» de una posible eficacia derivadas de la ingesta de bacterias psicobióticas y que derivan de resultados de modelos preclínicos de enfermedades psiquiátricas se puedan traducir algún día en recomendaciones o intervenciones en pacientes humanos.

Existe un eje microbiota-intestino-cerebro, que va en dos direcciones. En una dirección, el cerebro puede afectar de forma indirecta a la microbiota intestinal mediante modificaciones en la secreción, motilidad y permeabilidad intestinal, o puede haber una influencia directa en la microbiota por vía neuronal mediante la liberación de sustancias por parte de las células enterocromafines y células inmunes. Pero además, en otra dirección, la microbiota intestinal es capaz de tener comunicación con el cerebro estimulando de forma directa determinados receptores a través de aferentes vagales o de vías humoral. Y todo esto puede provocar alteraciones desde el punto de vista morfológico y neuroquímico en el cerebro, concretamente en los niveles de GABA y serotonina. Esta comunicación entre la microbiota intestinal y el cerebro guarda relación con la percepción del dolor visceral, con la modulación de la respuesta inmune e incluso con las emociones.

> La evidencia científica es creciente respecto a que la microbiota intestinal parece desempeñar un papel significativo en el desarrollo de problemas psicológicos, tales como la depresión, el estrés o la ansiedad. Además, estos microorganismos pueden llegar a alterar el comportamiento y estar implicados directamente en trastornos como algunos tipos de autismo.

¿SOMOS LIBRES A LA HORA DE ELEGIR ALIMENTOS?

Los microorganismos que residen en el tracto gastrointestinal están bajo presión selectiva para manipular el comportamiento de alimentación del huésped, en este caso de nosotros, con objeto de que mejore su estado físico y esto se hace incluso (a veces) a expensas de la aptitud del anfitrión.

Entendemos aquí aptitud como la capacidad de una persona para realizar adecuadamente cierta actividad, función o servicio, en este caso aplicado a las elecciones alimentarias.

Parece que los microorganismos podrían influir en nuestro comportamiento alimentario mediante dos estrategias:

Generando antojos de alimentos en los que están especializados (es decir, les vienen bien a ellos) o alimentos que suprimen a sus competidores (perjudican a los microorganismos que compiten con ellos por ese nicho ecológico).

Induciendo la disforia (la disforia es una emoción desagradable o molesta, como la tristeza, estado de ánimo depresivo, ansiedad, irritabilidad o inquietud, es el opuesto etimológico de la euforia), llevándonos a ingerir alimentos que nos provoquen una mejora de su estado físico.

Hay algunos mecanismos de acción propuestos que pudieran explicar cómo los microorganismos pueden llegar a influir en nuestro comportamiento alimentario:

1. Puede ser a través de las vías de recompensa y saciedad.
2. Mediante la producción de toxinas que alteran el estado de ánimo o bien mediante modificaciones en los receptores (incluidos los gustativos).
3. Mediante actuación sobre el nervio vago (no debemos de olvidar que es el eje neural entre el intestino y el cerebro).

MICROBIOTA Y SACIEDAD

Diferentes estudios han mostrado cómo algunas bacterias del intestino son capaces de lograr la estimulación de la producción de glucagon-like péptido 1, que en realidad es una hormona que actúa en favor de la liberación de la hormona insulina y que además también ayuda a reducir la sensación hambre. Pero no solo es eso, parece que además las bacterias por sí mismas son capaces de generar ciertos metabolitos que reducen el apetito.

EL SUEÑO Y LA DIETA

LA RELACIÓN ENTRE EL SUEÑO Y LA DIETA

El sueño representa una tercera parte de la vida y resulta de gran importancia para mantener la salud física y psicológica. En los últimos años, los trastornos del sueño se han convertido en una epidemia en todo el mundo. Dormir poco, tener un sueño de mala calidad o tener horarios que nos alejen de nuestra cronobiología (como los trabajadores por turnos) no solo nos hará pasar malos días o evitará que alcancemos un buen estado físico, también afectará a nuestra salud a corto y largo plazo.

Se recomienda que los adultos duerman de 7 a 8 horas todos los días, aunque la demanda de sueño puede variar en dependencia de la edad y el género.

El ciclo diario de sueño y vigilia está controlado por el reloj circadiano, diferentes neuronas y hormonas producidas por el hipotálamo y las señales ambientales (oscuridad / luz).

Existen varios factores que influyen en la calidad del sueño, siendo la dieta uno de los más estudiados recientemente, debido a la posible relación con la calidad del sueño y la salud. Sin embargo, aún no está claro si los mejores hábitos dietéticos pueden conducir a mejores patrones de sueño o al revés. De hecho, los estudios experimentales han demostrado ambas formas de asociación: por un lado, se ha demostrado que una dieta de alta calidad mejora la duración del sueño; por otro lado, se ha demostrado que la falta de sueño puede aumentar el apetito por los alimentos ricos en calorías.

RELACIÓN CON EL PESO CORPORAL Y LA SALUD

Cuando tenemos alterado el sueño, aumentan nuestras probabilidades de ganar peso al verse alteradas nuestras respuestas de hambre-saciedad, generando distintas reacciones fisiológicas. Los mecanismos propuestos por los cuales el sueño insuficiente puede aumentar el consumo de calorías incluyen: más tiempo y oportunidades para comer, angustia psicológica, mayor sensibilidad a la recompensa de alimentos, alimentación desinhibida y más energía necesaria para mantener la vigilia. Todo lo anterior se traduce en que, a la larga, la falta de sueño puede aumentar nuestro riesgo de padecer obesidad, diabetes, hipertensión o problemas neurodegenerativos, entre otros.

HOMEOSTASIS HORMONAL DEL HAMBRE Y SACIEDAD

El mecanismo más estudiado que relaciona el sueño y el peso corporal se refiere al equilibrio entre la leptina y la grelina, dos hormonas involucradas en la ingesta de alimentos y el balance de energía. En cuanto a la fisiología, la leptina es una hormona derivada de los adipocitos que suprime el hambre y estimula el gasto de energía, mientras que la grelina es un péptido derivado del estómago que estimula el apetito y la producción de grasa. Si tenemos alta la grelina tendremos baja la leptina y viceversa, ya que no podemos tener hambre y estar saciados al mismo tiempo.

La desregulación de este equilibrio hambre-saciedad se asocia con un mayor consumo de calorías, malos hábitos alimenticios y obesidad. El consumo excesivo de energía asociado con esta falta de sueño se debe más a factores hedónicos (estimulan el sentimiento de placer) que a factores de otra naturaleza. Esta falta de sueño parece facilitar la ingestión de calorías cuando se expone al entorno moderno obesogénico de alimentos fácilmente accesibles.

¿QUÉ OCURRE SI ESTAMOS INTENTANDO ADELGAZAR PERO NO DORMIMOS BIEN?

A grandes rasgos, el tratamiento de la obesidad consiste en aumentar la actividad física y reducir la ingesta energética hasta lograr un déficit calórico mediante un patrón alimentario adecuado. Pero, ¿qué ocurre si aun cumpliendo esto no dormimos lo necesario?

La evidencia sugiere que un sueño insuficiente puede comprometer la eficacia de las intervenciones dietéticas y del ejercicio para la pérdida de peso, perdiendo menos masa grasa que si se tiene un patrón correcto del sueño.

Por ejemplo, en un pequeño estudio sobre 10 sujetos con sobrepeso a los que se les controlaban todas las variables para lograr perder peso, se comprobó que aquellos que dormían 5 horas y media perdieron menos peso y más músculo que aquellos que dormían 8 horas y media. Además, los que dormían menos también destacaron por comunicar frecuentemente que tenían una mayor sensación de hambre.

EL ROL DE LA ANSIEDAD

Una de las consecuencias más importantes de la falta de sueño es el aumento de los niveles de ansiedad. La evidencia sugiere que la ansiedad está relacionada positivamente con el desarrollo de obesidad. Esto está relacionado, sobre todo en mujeres, con un aumento en el consumo de alimentos muy ricos en calorías, lo que se asocia a un aumento del Índice de Masa Corporal. Aquellos sujetos que padecen de ansiedad tienden a refugiarse en el consumo compulsivo de alimentos muy calóricos cuando se enfrentan a una situación de estrés. Es por ello que a este tipo de personas el dormir mal o tener desregulado el ciclo del sueño les puede afectar en mayor medida al peso corporal.

PROBLEMAS DE SALUD ASOCIADOS

La falta o alteración del sueño no solo está relacionada con el peso, también conlleva un aumento en el riesgo de sufrir distintas patologías. Uno de los principales problemas es que aumentan la resistencia a la insulina y los niveles de cortisol (que incrementa la glucosa en sangre), y con ello, el riesgo de padecer diabetes. Está demostrado que tan solo unas horas después de pasar una mala noche, ya se ve alterado el metabolismo de la glucosa.

Tener una mala calidad del sueño a largo plazo también aumenta el riesgo de:

- padecer hipertensión;
- tener problemas durante el embarazo;
- padecer inflamación crónica;
- sufrir enfermedad cardiovascular o accidentes cerebrovasculares.

Y no solo esto, la restricción del sueño afecta directamente a la atención sostenida, la función ejecutiva y la memoria a largo plazo.

Aunque los mecanismos que producen todos estos problemas no están del todo claros, es probable que sean multifactoriales con trastornos hormonales, alteraciones metabólicas y procesos inflamatorios. Además, la magnitud de todos los efectos mencionados va aumentando con la edad.

En el caso de los deportistas, además de todo lo anterior, un sueño inadecuado puede hacer que disminuya su rendimiento, y no solo eso, también aumenta el daño muscular y el riesgo de lesión durante el ejercicio. Además, disminuye la capacidad antioxidante del propio deportista y aumenta la inflamación sistémica.

EFECTOS DE LA DIETA EN LA CALIDAD DEL SUEÑO

Una revisión sistemática publicada en el año 2016 donde se determinó los efectos de la dieta en la calidad del sueño demostró que las dos etapas del sueño, el sueño de ondas lentas (profundo y con función restauradora) y el sueño de movimientos oculares rápidos o sueño REM (que junto al sueño de ondas lentas funciona hacia la consolidación de la memoria), se asociaron inversamente con la ingesta de grasas y carbohidratos. Los hallazgos de estudios epidemiológicos sugieren que la calidad de los carbohidratos parece ser más importante que su cantidad en la mediación de esta asociación.

Pudiera pensarse que una dieta alta en carbohidratos, especialmente una con un índice glucémico alto, al promover una mayor proporción de triptófano y un mayor efecto en la síntesis de serotonina y melatonina, ayudaría a promover el inicio del sueño. Sin embargo, los estudios de intervención sugieren una asociación causal entre una mayor ingesta de grasas y carbohidratos cerca de la hora de acostarse y un tiempo mayor de inicio del sueño. Por otra parte, se ha visto que la calidad del sueño posterior, como la duración del sueño y los despertares durante este, puede verse afectada negativamente por la ingesta elevada de carbohidratos, particularmente de azúcares simples.

Algunos autores han demostrado que la ingesta nocturna de alimentos influye negativamente en la calidad del sueño, que puede estar mediada por molestias postprandiales debido a la reducción de la actividad digestiva. Es posible que el consumo de alimentos antes de acostarse, de cualquier tipo, en aquellos que normalmente no comen antes de acostarse, influya negativamente en el sueño. Sin embargo, en aquellos que comen antes de acostarse, la elección de la merienda nocturna adecuada puede ser importante para modificar la calidad de su sueño.

La evidencia acumulada muestra que la duración y la calidad del sueño pueden estar mediados por carotenoides, ácido úrico, y algunas vitaminas, incluyendo la vitamina C y D. Una revisión sistemática y metanálisis publicado en 2018 sugiere que la deficiencia sérica de vitamina D (<20 ng / ml) se asocia con un mayor riesgo de trastornos del sueño (calidad deficiente, corta duración y somnolencia), aunque se necesitan más estudios para verificar esta asociación. También hay evidencia sustancial con respecto a la influencia de las vitaminas B en el sueño, particularmente la B12 y la B6.

ADHERENCIA A LA DIETA MEDITERRÁNEA Y SU RELACIÓN CON LA CALIDAD DEL SUEÑO

La evidencia reciente muestra una relación entre la adherencia a la dieta mediterránea y la duración y calidad del sueño en adultos, pero aún se han realizado pocos estudios y se necesita más investigación para comprender mejor esta relación. Un estudio reciente donde se evaluó la asociación entre la calidad del sueño y la adherencia al patrón dietético mediterráneo en adultos italianos mostró que la alta adherencia a una dieta mediterránea se asoció con una mejor calidad del sueño hacia el efecto directo sobre la salud o los efectos indirectos a través de la mejora del estado de peso, aunque se requieren futuros estudios experimentales para probar el impacto de la calidad del sueño en la salud y la ingesta dietética, lo que permite investigar la causalidad y los mecanismos implicados.

«ADICCIÓN A LA COMIDA» Y CALIDAD DEL SUEÑO

Se plantea la hipótesis de que las personas con un diagnóstico de «adicción a la comida» tienen una duración más corta del sueño y una calidad de sueño inferior a la de las personas sin adicción a la comida. La «adicción a la comida» es un tema discutible, entre otras cosas porque actualmente no tiene una definición y terminología estandarizadas. Un estudio publicado en 2018, con adultos australianos, donde se investigaron las diferencias en la duración del sueño entre individuos adictos a los alimentos y no adictos a los alimentos, mostró que los individuos adictos a los alimentos y con un grado de adicción más severo fueron los que más roncaron, se quedaron dormidos involuntariamente y se quedaron dormidos mientras conducían. Otro estudio reciente encontró que las puntuaciones elevadas de Yale Food Addiction Scale (herramienta validada para medir la adicción a los alimentos) se correlacionaban más con síntomas del Síndrome de Alimentación Nocturna y con una peor calidad del sueño.

Una revisión sistemática y metanálisis publicada en 2018 sobre la duración del sueño y los hábitos alimentarios en los niños, mostró que el consumo de refrigerios y la soda se asoció con menos sueño, y que la duración adecuada del sueño se asoció con la ingesta de frutas y verduras.

También el exceso de peso corporal puede favorecer la aparición de apnea del sueño (un trastorno caracterizado por la fragmentación del sueño y la dieta), que a su vez causa una baja calidad del sueño. Un estudio reciente donde se investigaron las asociaciones entre la calidad de la dieta y la apnea del sueño encontró que la apnea obstructiva del sueño se asoció con una menor ingesta de granos enteros, mayor ingesta de carne procesada y roja y una menor calidad de la dieta general.

PARTICIPACIÓN DE LA MICROBIOTA EN LA CALIDAD DEL SUEÑO

En la actualidad, pocos estudios han investigado la influencia del microbioma en el sueño; sin embargo, las pruebas limitadas de los estudios epidemiológicos y de intervención sugieren que la composición del microbioma puede estar relacionada con la calidad del sueño. La dieta mediterránea, que incluye altas ingestas de frutas, verduras y otros alimentos de origen vegetal, puede promover un sueño saludable y una microflora intestinal beneficiosa.

ALIMENTOS QUE PUEDEN PROMOVER EL SUEÑO

Aunque ciertos alimentos pueden promover el sueño o mejorar su calidad, la evidencia aún es escasa. Varios estudios han sugerido que el consumo de ciertos tipos de alimentos que afectan la disponibilidad de triptófano, así como la síntesis de serotonina y melatonina, pueden facilitar el sueño. La incorporación diaria de alimentos como la leche, los pescados grasos, las cerezas y el kiwi, se ha estudiado por sus beneficios potenciales para la mejora inmediata y aguda del sueño sin grandes cambios en los patrones dietéticos.

LECHE

La leche enriquecida con melatonina natural, obtenida ordeñando vacas durante la noche (leche nocturna) en lugar de durante el día (leche diurna) es de interés científico. Estudios en ratones han demostrado que la leche nocturna, abundante en triptófano y melatonina, acorta el inicio y prolonga la duración del sueño, a la vez que tiene un efecto sedante. El equilibrio motor y la coordinación se reducen a un nivel comparable al de los sedantes conocidos con la administración de leche nocturna. Las concentraciones más altas de triptófano y melatonina parecen ser las principales responsables del efecto promotor del sueño de la leche nocturna.

PESCADO GRASO

El pescado graso (más del 5 % de grasa) es una buena fuente de vitamina D y ácidos grasos omega-3, nutrientes importantes para la regulación de la serotonina y, por lo tanto, para la regulación del sueño. Sin embargo, la evidencia aún es escasa y la conclusión de que el pescado graso es beneficioso para la calidad del sueño no se ha confirmado.

FRUTAS (KIWI Y CEREZAS ÁCIDAS)

Otros estudios han analizado el consumo de frutas en la promoción del sueño. La evidencia clínica apoya los efectos que promueven el sueño de las cerezas ácidas y el kiwi. El kiwi es una de las pocas frutas que tiene una alta concentración de serotonina. La alta capacidad antioxidante y el contenido de serotonina y folato del kiwi pueden contribuir a los beneficios observados en el sueño después de su consumo. Varios estudios han informado una asociación entre el sueño alterado y el estrés oxidativo, y la deficiencia de folato se ha relacionado con el insomnio y el síndrome de piernas inquietas. El consumo diario de kiwi antes de acostarse parece ser beneficioso para aumentar la eficiencia del sueño en adultos con trastornos del sueño, pero se requiere de investigación adicional.

Las cerezas ácidas son una fruta adicional que ha demostrado mejorar la calidad del sueño. Sin embargo, los efectos de las cerezas en las variables del sueño parecen estar parcialmente mediados por la edad, así como el cultivar de cereza consumido. El perfil de melatonina y fitonutrientes de las cerezas ácidas, y sus características antiinflamatorias y antioxidantes pueden ser beneficiosas para mejorar la calidad del sueño.

OTRAS SOLUCIONES PARA MEJORAR LA CALIDAD DEL SUEÑO

El ejercicio (alejado de las últimas horas del día) es sin duda una de las mejores opciones para mejorar nuestro descanso y para ayudarnos cuando no hemos dormido lo suficiente. Por supuesto, siempre y cuando no se realice demasiado cerca de la hora de ir a dormir para que no estimule la segregación de otras hormonas que puedan dificultar la conciliación del sueño. Contribuye a reducir los niveles de ansiedad característicos de estos días y tiene un efecto anorexígeno, es decir, reduce el apetito, pudiendo contrarrestar esa hambre de más generada por unos niveles elevados de grelina, mientras que nos va a permitir conciliar mejor el sueño para esa noche.

Ciertos suplementos como el magnesio o la melatonina pueden ayudar a relajarnos y conciliar el sueño en esos momentos en los que no somos capaces de descansar adecuadamente.

Exponerse durante el día a la luz solar o a los denominados baños de bosque (*Shinrin-yoku* en japonés) han demostrado evidencia contrastada que demuestra que nos ayuda a alcanzar un mejor descanso nocturno y a reducir los niveles de ansiedad, algo ideal para este tipo de días.

EN RESUMEN...

Como hemos visto, un incorrecto descanso nocturno puede reducir considerablemente la efectividad cuando se quiere perder peso, al igual que puede hacer engordar a aquellos que no tienen este objetivo. Esto es consecuencia, entre otros factores, de la desregulación del equilibrio hambre-saciedad a través de las hormonas ghrelina y leptina. Se puede decir que algunos patrones dietéticos (en especial la dieta mediterránea) y determinados alimentos con propiedades antioxidantes y antiinflamatorias y con un mayor contenido de triptófano, serotonina y melatonina, parecen prometedores como moduladores del sueño, pero se necesitan más investigaciones para sacar conclusiones definitivas.

MICROBIOTA Y RITMOS CIRCADIANOS

Trabajos recientes han demostrado que la microbiota intestinal y sus metabolitos exhiben ritmicidad diurna que responden predominantemente al ciclo de alimentación/ayuno. El desfase horario persistente, una dieta obesogénica, etc... pueden amortiguar la naturaleza oscilatoria de la composición bacteriana intestinal, que posteriormente puede ser rescatada por una alimentación ajustada. Los metabolitos microbianos intestinales influyen en la expresión de ciertos genes y en la duración del sueño en el huésped y regulan la composición corporal a través de factores de transcripción circadianos. Tanto la fragmentación del sueño como la corta duración del sueño se asocian con la disbiosis intestinal que puede deberse a la activación del eje hipotalámico-pituitario-adrenal.

De hecho, las alteraciones metabólicas asociadas con la pérdida del sueño pueden estar mediadas por el crecimiento excesivo de bacterias intestinales específicas. Recíprocamente, los productos finales de las especies bacterianas que crecen en respuesta a la pérdida de sueño pueden inducir fatiga. Además, se ha descubierto que la suplementación con probióticos mejora la calidad subjetiva del sueño. La calidad y la duración del sueño pueden ser un objetivo importante para respaldar una composición saludable de la microbiota intestinal, pero la naturaleza cíclica de esta relación no debe pasarse por alto.

Y es que no se puede negar que una creciente evidencia sugiere que el microbioma intestinal puede influir en la calidad del sueño. Algunos estudios utilizaron actigrafía para cuantificar las medidas del sueño junto con el muestreo del microbioma intestinal para determinar cómo el microbioma intestinal se correlaciona con varias medidas de la fisiología del sueño. Y así mismo midieron los biomarcadores del sistema inmunológico y llevaron a cabo una evaluación neuroconductual, ya que todas estas variables podrían modificar la relación entre el sueño y la composición del microbioma intestinal. Se descubrió que la diversidad microbioma total se correlacionó positivamente con una mayor eficiencia del sueño y el tiempo total de sueño, y se correlacionó negativamente con la vigilia después del inicio del sueño. Se encontraron correlaciones positivas entre la diversidad total del microbioma y la interleucina-6, una citocina previamente conocida por sus efectos sobre el sueño.

El análisis de la composición del microbioma reveló que, dentro de los filos, la riqueza de Bacteroidetes y Firmicutes se correlaciona positivamente con la eficiencia del sueño, las concentraciones de interleucina-6 y el pensamiento abstracto. También se encontró que varios taxones (Lachnospiraceae, Corynebacterium y Blautia) se correlaciona negativamente con las medidas del sueño. Todo esto muestra cómo hay vínculos entre la composición del microbioma intestinal, la fisiología del sueño, el sistema inmunológico y la cognición. Y todo esto puede conducir a mecanismos para mejorar el sueño mediante la manipulación del microbioma intestinal.

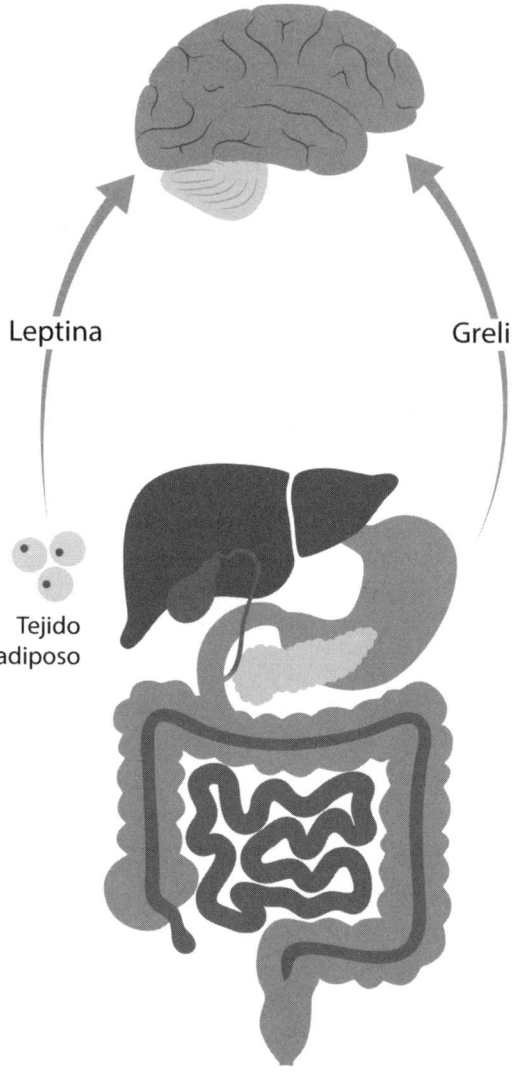

HORMONAS DEL HAMBRE Y DEL APETITO

Leptina

Grelina

Tejido adiposo

CANALIZANDO CAMBIOS

Para empezar, es importante que, si lo que quieres es mejorar tu alimentación, sustituyas la palabra «dieta» por «aprender a comer». **Si te preguntan: ¿QUÉ ES LO QUE QUIERES? No creo que tu respuesta sea que quieres hacer una dieta, ¿o sí?**

Consideremos, más bien, que tu deseo, tu intención a la hora de mejorar la forma que tienes de alimentarte tenga más que ver con el hecho de sentirte bien, saludable, y ver tu físico de la mejor manera posible. Entiendo que deseas cambiar tu peso, estar más ágil, contar con unos mejores resultados en las próximas analíticas… Por lo tanto, lo que menos te puede apetecer es pensar en una dieta como sinónimo de restricción, pasar hambre y comer alimentos que no te gustan. **Es por ello que es mejor apostar siempre por aprender a comer y en consecuencia ser testigo de cómo tu salud se ve beneficiada, tu calidad de vida aumenta y, por ende, tu bienestar se incrementa, en todos los sentidos.**

Por eso mismo, también debes asegurarte que el modelo de aprendizaje que vas a elegir es el más óptimo, el que más cuida de ti y mejor se ajusta a ti y, por supuesto, el que garantiza los mejores resultados para ti. Sin lugar a dudas, la labor de un nutricionista es fundamental a la hora de diseñar la pauta nutricional que mejor se adecúa a tus necesidades.

En una consulta, se deben tener en cuenta cuestiones como exámenes médicos recientes, patologías crónicas, intolerancias, alergias, etc. Es por ello que toma especial protagonismo la educación alimentaria, totalmente personalizada, con el fin de conocer qué alimentos son más recomendables para ti, cómo cocinarlos y en qué cantidades y momentos del día pueden resultar más beneficiosos para tu salud y para cumplir con tu objetivo, sea cual sea: bajar de peso, subir de peso, mejorar el colesterol, regular el azúcar en sangre, rendir mejor físicamente, etc.

Además, es necesario comprender que la pauta nutricional irá siendo adaptada por el dietista-nutricionista, de forma paulatina y gradual en base a los aspectos anteriormente mencionados. Otro factor decisivo, en cualquier proceso de educación alimentaria personalizada, es el que está relacionado al nivel, frecuencia e intensidad de actividad física que una persona tiene a lo largo del día, semanas y meses. Y, por supuesto, su tipo de trabajo, su vida familiar, social, etc. Todos estos factores son decisivos y, por ello, tenidos en cuenta a lo largo del proceso de adhesión a los nuevos hábitos.

Cuando, anteriormente, mencionábamos las características de un objetivo con potencialidad de éxito, me refería también al objetivo que decides definir en una consulta con el dietista-nutricionista. Saber que tu objetivo, en relación a la nutrición, es suficientemente **inspirador, deseable y atractivo** por los beneficios que, a corto, medio y largo plazo, nos va a suponer; así como el considerarse un objetivo **concreto, fácilmente definible y preciso**. A su vez, considerarlo un objetivo viable, lo cual puedes comentar con tu nutricionista y despejar cualquier duda en relación a la viabilidad de tu deseo; **medible**, ya que podemos establecer un marco temporal donde ir valorando los resultados, paulatinamente y, por supuesto, ecológico, una palabra muy acertada si tenemos en cuenta la congruencia con los valores del cuidado y del respeto hacia uno mismo y al resto. **Sin duda, aprender a alimentarnos de forma consciente, llegando a desarrollar una «Microbiota Consciente» reúne todas las características de un objetivo potenciador de salud y bienestar**.

Antes de continuar, nos gustaría hacer mención a algo que consideramos bastante importante a la hora de decidirnos a iniciar cualquier cambio: el esfuerzo. Se trata de ese esfuerzo que estamos dispuestos a asumir cuando nos decidimos a emprender un nuevo rumbo, sea cual sea. En este caso, un esfuerzo asociado a un cambio de hábitos, a la sustitución de unos hábitos que ya no cumplen sus objetivos óptimamente y que estamos dispuestos a sustituirlos por otros que SÍ lo harán.

No obstante, nada tiene que ver asumir un reto y concienciarnos del esfuerzo con estar dispuestos a sufrir innecesariamente para lograr nuestro propósito. Y lo decimos porque muchas veces empezar a cuidarnos se confunde con el hecho de poner en práctica dietas restrictivas o programas de ejercicios extenuantes y excesivamente exigentes con nuestra condición física. Y el hecho de acostumbrarnos a ellos tampoco garantiza el éxito del objetivo: un organismo sano y buena calidad de vida.

Lucir una figura musculosa y/o delgada no es sinónimo, necesariamente, de un organismo sano ni de un estado de felicidad por parte de la persona. En la era de la inmediatez, del más es más y los «deberías», se ha llegado a confundir el **mal bienestar** con el buen bienestar. Esto es un problema que asola a nuestra sociedad, llevando a la población al consumo de alimentos y productos que no necesita y a la realización de actividad que en nada les beneficia solo por el hecho de sentirse «parte de» un sistema de modas y constructismos artificiales por los que acabamos pagando un altísimo precio. Una vez más: ¡consciencia!

Es por ello que, como anteriormente mencionábamos, cada vez se confunde más el hecho de disponer de mucha información con saber más, cuando en realidad pocas personas se preocupan en contrastar la veracidad de algunas recomendaciones nutricionales o plantearse si es lo más adecuado para sus organismos y su estilo de vida.

Para ello debemos poner ATENCIÓN en las cuestiones más básicas: la composición física de nuestro organismo, nuestros deseos y necesidades, etc. Y dejar a un lado la falsa idea de control que tanto se ha puesto de moda. Se trata de sustituir el control por la atención y la consciencia.

Es necesario dar atención a nuestra alimentación, a las necesidades naturales y reales de nuestro cuerpo, al empleo de las palabras que nos dedicamos a diario, atención a nuestras emociones y obviar el hecho de que ser más fuerte es sinónimo de saber controlarlas... Porque nada podría ser más contraproducente. Más adelante iremos hablando de cómo puedes reconocer tus emociones, de forma sencilla, y los beneficios que supone aprender a REGULAR (y no controlar) las emociones.

Llegados a este punto, es el momento de profundizar un poco más en la filosofía de la metodología del coaching. El coaching es una extraordinaria manera de trabajar en todo lo que hemos mencionado hasta ahora.

En primer lugar, aclaremos que las herramientas de coaching nutricional son aquellas herramientas de coaching que emplea un coach profesional, en este caso un coach nutricional, cuando trabaja mano a mano con un dietista-nutricionista.

Este trabajo en equipo se lleva a cabo con el fin de facilitar la adherencia (integración) a los nuevos hábitos de alimentación que han sido pautados por el profesional sanitario, el dietista-nutricionista o técnico superior en dietética. Como hemos visto, el coach no reemplaza, en ningún momento, los conocimientos técnicos del dietista-nutricionista, puesto que es el especialista en nutrición quien valora al paciente y diseña la pauta nutricional más adecuada para el organismo y necesidades de su paciente. Es por ello que, antes de embarcarnos en una lectura más profunda sobre Microbiota Consciente, consideramos de vital importancia esclarecer algunos aspectos sobre lo que es el coaching y las competencias profesionales de la figura del coach. **El coaching es un sólido y flexible canal a través del que podemos aprender a trabajar importantes aspectos para potenciar nuestro bienestar, en todos los sentidos.** En concreto, a continuación, describiremos la labor del coach nutricional al trabajar con un profesional sanitario, especializado en nutrición.

COACHING NUTRICIONAL

¿QUÉ ES EL COACHING Y PARA QUÉ ES ÚTIL EL COACHING NUTRICIONAL?

Seguro que este término, coaching, no es nuevo para ti. Y es que el coaching se ha puesto especialmente de moda en los últimos años y, a consecuencia de ello, es muy probable que en ciertos espacios se esté dando un uso poco apropiado a esta palabra, llegando a generar una cierta confusión que desvirtúa su significado real. Sí es cierto que puede ser un término un tanto complejo a la hora de ser definido, ya que puede ser susceptible de variaciones en función de las diferentes escuelas a las que haga referencia.

Históricamente en el XIX, en 1884, este término empezó a utilizarse en Inglaterra para referirse a un asistente escolar que preparaba estudiantes con el fin de aprobar exámenes. Desde mediados del siglo XX, la palabra coach se emplearía para aludir a un profesor de danza, baile, entrenadores atléticos, etc. De hecho, el origen etimológico de esta palabra deriva del término germano **Kutsche** y este, a su vez, del húngaro Kocsi szekér (carruaje de Kocs). Resumiendo, «coche» en español. Y es que el término coach procede, como vemos, de un medio de transporte, ya que está relacionado con la actividad que realiza el coach al «mover» a una persona desde el lugar donde se encuentra («punto a» o «punto de partida») hasta el lugar donde desea llegar («punto b»). De algún modo, simula una clara metáfora, ya que el coach representa al carruaje que facilita el tránsito a la consecución del objetivo del cliente, con la particularidad de que el coach no decide, en ningún momento, el camino a seguir.

En las sesiones de coaching es el propio coachee (o persona que recibe la sesión de coaching/ cliente) quien decide, en todo momento, los pasos que va a dar y se compromete 100 % con llevarlos a cabo. El coach es un mero entrenador o acompañante que pone a disposición del coachee (cliente o persona que recibe el coaching) las herramientas que facilitarán su proceso.

Según la asociación más importante de coaches, a nivel mundial, la *International Coach Federation* (ICF), el coaching se define de este modo:

> «El coaching profesional se fundamenta en una asociación con clientes en un proceso de acompañamiento reflexivo y creativo que les inspira a maximizar su potencial personal y profesional».

Y, según La Asociación Española de Coaching (ASESCO):

> «El coaching profesional es un proceso de entrenamiento personalizado y confidencial mediante un gran conjunto de herramientas que ayudan a cubrir el vacío existente entre donde una persona está ahora y donde se desea estar» (ASESCO, 2020).

> «El coaching es un proceso de acompañamiento a través del cual, un/a profesional (coach) acompaña a su cliente (coachee) a conseguir un objetivo (…). Es un proceso en el que un/a profesional acompaña a una persona en la consecución de unos objetivos concretos y definidos por ella, que están alineados con sus valores, creencias y entorno o sistema actual» (ASESCO, 2018, *Libro Blanco del Coaching*).

Ambos organismos respaldan un código ético y deontológico similar, en el que prevalece la confidencialidad en el proceso de coaching y una congruente estructura de valores donde se destaca el cuidado y respeto al cliente. De hecho, cada día hay más esfuerzos en el diseño de cursos, por parte de academias profesionales especializadas, que garanticen el buen hacer y la correcta formación de los futuros profesionales en este ámbito. Esto está haciendo posible que gane presencia en nuestra sociedad actual, dadas las importantes necesidades que puede llegar a satisfacer en el desarrollo personal y profesional.

El coaching, como hoy lo entendemos, comienza en los años 1960, pero sus bases se crean mucho tiempo atrás. Esta disciplina tiene influencias de las culturas antiguas y de ámbitos del conocimiento como la filosofía y la psicología. De hecho, comparte con la tradición budista y, en concreto, con una técnica actual procedente de las antiguas técnicas de meditación, revisada y respaldada por estudios científicos, y que hoy conocemos con el nombre de mindfulness (atención plena): la imperante actitud de **«no juzgar», renunciar a los juicios, y mantener una actitud de curiosidad permanente, dedicada a prestar atención al momento presente**. Además, gracias a la práctica de la atención plena nuestro cerebro crea nuevas redes sinápticas, lo que mejora el procesamiento de la información que recibe, a través de los sentidos. Esta práctica beneficia al cerebro mejorando la concentración, la creatividad e, incluso, facilita el sueño, entre otros muchos beneficios. Como dato diremos que, a su vez, esta práctica provoca que nuestro cerebro segregue más endorfinas…, sí, has leído bien, esos neuroquímicos tan simpáticos que influyen en que nuestra sensación de bienestar incremente.

Volviendo a las influencias que ha recibido el coaching a lo largo de la historia, podemos decir que comparte muchas semejanzas con **el arte de la mayéutica**, el antiguo método de aprendizaje promovido por **Sócrates,** en la Antigua Grecia. Recordemos que para el gran pensador el diálogo era el medio para llegar al conocimiento y cómo, a través de preguntas, los discípulos de Sócrates podían reconocer los conocimientos que siempre habían tenido en su interior, pero que no habían tenido la oportunidad de desarrollar hasta que no se plantearon ciertos interrogantes. En coaching, esas preguntas se denominan **preguntas poderosas** y tienen la misma función que tenían en la Antigua Grecia: **hacer pensar a su interlocutor para que pueda descubrir, por sí mismo, las respuestas que necesita**. Estas preguntas tienen la «habilidad» de poner el foco en las posibles soluciones y no en el problema como tal. De este modo, se genera un efecto que realmente empodera a la persona que practica esta herramienta, ya que la persona descubre que puede, por sí misma, resolver o conseguir aquello que desea.

En una sesión de coaching nutricional, tú eres el protagonista. El coach no da consejos ni enseña conocimientos sobre una materia específica, no es un maestro ni un terapeuta ni un mentor. El coach no dice lo que una persona tiene que hacer. El coach es un canal, un acompañante, un entrenador que se sirve, principalmente, de preguntas poderosas para crear un diálogo contigo, en el cual la persona descubre, por sí misma, las respuestas; identificas tus fortalezas y debilidades y trabajas en ellas de forma consciente, comprometida y responsable para alcanzar el objetivo. La responsabilidad del coach reside en acompañarte en el camino y proporcionarte todas las herramientas necesarias para que puedas sacar tu máximo potencial. Esto quiere decir que el progreso, el éxito, depende de ti, del coachee.

ACLARACIONES IMPORTANTES

En el argot profesional el «coach» es el profesional que facilita el proceso de coaching, acompañando a la persona en su desarrollo personal y/o profesional. Volviendo a la alusión inicial sobre su origen etimológico, «coche», podemos decir que el coach es el conductor que acompaña al destino, objetivo o meta, fijado por la persona que recibe la sesión de coaching.

El coachee es el nombre que adquiere la persona que recibe la sesión de coaching, es el protagonista del proceso y es quien define el resultado u objetivo a alcanzar. Es interesante recalcar el hecho de que el coachee es una persona con un potencial ilimitado y con innumerables recursos a su alcance.

La función principal de un coach reside en conectar con la persona que recibe la sesión, a través de una escucha atenta y una observación y atención plenas a sus gestos, expresiones y empleo del lenguaje. Recordemos que las preguntas poderosas que el coach formulará servirán para que el coachee pueda descubrir su potencial y aportar el mayor y mejor rendimiento de sus capacidades, para poder llegar a su meta.

Qué es y qué hace un coach	Qué no es y qué no hace un coach
Un facilitador del desarrollo	No es un consejero ni asesor
Un catalizador del cambio que se centra en el momento presente para obtener soluciones y progresos	No es un confesor que hace valoraciones o enjuicia
Un espejo fiel	No es el protagonista ni un ídolo
Escucha atentamente	No es un psicólogo
Pregunta para ayudar y facilitar el proceso	No es un psiquiatra
Aporta autonomía	No es un nutricionista ni un dietista
Ayuda a descubrir el potencial	No es un mentor ni un profesor
Guía	No enseña
Ayuda a descubrir los puntos fuertes	No decide por ti
Facilita claridad y oportunidades de mejora	No da consejos
Se centra en el presente y proyecta el futuro	No se centra en el pasado

¿CÓMO ME AYUDO?

A través de ciertas herramientas cognitivas, que sirven para ayudar al análisis y el aprendizaje, se ayuda a **definir el objetivo**, crear un **plan de acción** para llevarlo a cabo, y ejercitar la creatividad e intuición de la persona que está recibiendo las sesiones de coaching. En una sesión, se aplica una **metodología agilizando el aprendizaje, estimulando cambios cognitivos, conductuales y emocionales**. Fomentando, de este modo, la capacidad de tomar acción en relación al objetivo o deseo propuesto.

En las sesiones de coaching nutricional, **se simplifica el proceso de adherencia a los nuevos hábitos en relación a la comida.** Muchas personas se sienten desmotivadas o incapaces de mantener la constancia en la aplicación del plan nutricional que ha elaborado el Dietista-Nutricionista. Y, gracias a la intervención de un profesional del coaching, dicho proceso se agiliza. Por ello, es importante que **la labor del dietista-nutricionista se centre en enseñar a comer, en crear primero un plan nutricional único para su paciente y que ese plan pueda prolongarse en el tiempo.**

Según se avanza en la consecución del resultado deseado para el paciente (bajar o subir de peso, mejorar su diabetes, aprender a comer sin un tipo de alimento al que se es alérgico, etc.), existe una adecuación del plan nutricional en relación a las cantidades y modo de cocinar los alimentos, por ejemplo. Es decir, **una vez concluido el proceso de aprendizaje y de adaptación, la persona podrá tomar decisiones, en relación a su alimentación, de forma autónoma, sin depender del asesoramiento continuado de un profesional y sin vivir condicionada a una dieta restringida**. Y lo mismo sucede tras las sesiones de coaching. Una vez finalizado el proceso de coaching, el cual suele constar de un número limitado de sesiones (teniendo en cuenta la meta definida y el compromiso adquirido en el proceso), al igual que sucede con las consultas del nutricionista, la persona habrá adquirido unos valiosos recursos para su autocuidado y su desarrollo personal e, incluso, profesional. Durante las sesiones, se entrenan muchas capacidades valiosas y salen a la luz importantes recursos de cada persona, capacidades y virtudes que no solo suponen una ventaja a la hora de aprender a cuidar de nuestra alimentación, sino que potencian y mejoran otros aspectos de nuestra vida. Al hacer una inversión de tiempo, energía y dinero en mejorar y optimizar nuestro bienestar físico y emocional, muchas otras áreas de nuestra vida se verán beneficiadas.

Además, uno de los aspectos valiosos que puedes trabajar en una sesión de coaching es **la resistencia al cambio**, es uno de los aspectos que más se trabaja en las sesiones. Socialmente, parece estar muy bien visto decir que «nos gustan los cambios», pero en la práctica la idea no resulta tan atractiva. Y eso es debido a que, durante el proceso de cambio, nos enfrentamos a nuevas circunstancias que requieren una adaptación y, en muchos casos, una evolución por nuestra parte.

Lo más importante, a la hora de iniciar cualquier cambio de hábitos, es entender que **el cambio es un valor.** El cambio supone una **oportunidad de evolución y mejora,** pero depende de la manera en que decidamos afrontarlo. Una vez más, depende de nosotros. Por supuesto, siempre hay cambios más fáciles que otros, pero refiriéndome al tema que nos compete, me gustaría añadir que, en el ámbito de la nutrición, **un cambio de hábitos no tiene por qué suponer pasar hambre o dejar de disfrutar de la comida, entre otras cosas.** Es mucho más interesante entender que vamos a sustituir un tipo de alimento por otro o ¡ni siquiera eso!, ya que puede ser que simplemente adaptemos las proporciones o los momentos en los que vamos a ingerir el alimento.

Tras un plan personalizado, diseñado por un profesional, se llega a la conclusión de que, principalmente, se trata de **tomar consciencia del valor que tiene nutrirse bien y del impacto que tiene en nuestra salud**. No ser responsables con nuestra alimentación puede llegar a afectar a todos los ámbitos de nuestra vida y hacer que acabemos pagando un alto precio. A nadie le gusta estar enfermo, no es precisamente un estado ideal en el que disfrutar de la vida. Al tomar consciencia de la importancia que tiene nuestra elección de hábitos diarios y al decidirnos a tomar acción por el estado de bienestar que realmente deseamos a corto, medio y largo plazo; **estamos eligiendo invertir en nosotros, en nuestra felicidad.** Cuando estamos sanos tenemos muchas más posibilidades y opciones que cuando estamos condicionados por una enfermedad. **Aprender a comer y cómo comer supone estar contribuyendo a nuestra libertad para tomar decisiones**

En todo proceso de cambio hay una pregunta que es clave y muy necesaria que nos hagamos: ¿PARA QUÉ QUIERO INICIAR EL CAMBIO? Y digo bien, «para qué», no «por qué». Cuando nos preguntamos el «para qué» nuestra visión se va al futuro, al propósito que deseamos cumplir. ¿Qué necesidades satisfago cuando me planteo cumplir mi objetivo de alimentarme de forma saludable?

Lo cierto es que llegar a un objetivo como perder peso no suele ser especialmente difícil, el mayor reto suele venir cuando queremos mantener ese resultado en el tiempo. Por eso el objetivo último debe ser siempre la adherencia, ya que esta adherencia a un plan nutricional tiene en cuenta muchos más matices que «mantener el peso». La adherencia tiene en cuenta la elección de alimentos más adecuados para nuestro organismo, hacer ejercicio con regularidad, un apropiado descanso, la calidad del sueño etc.

> Los pilares básicos del coaching son: el AUTOCONOCIMIENTO, a través de la toma de consciencia; la RESPONSABILIDAD, reconociendo que el cambio está en las manos de la persona que recibe el proceso de coaching, por lo que el COMPROMISO debe ser total por su parte si quiere obtener un rendimiento y la ACCIÓN, los cambios solo se producen si se actúa en consecuencia.

Y, como hemos visto al principio, un coach nutricional es un profesional que puede trabajar, mano a mano, con un dietista-nutricionista con el fin de facilitar la adherencia (integración consciente y práctica) a los nuevos cambios pautados por el profesional de la salud.

Es necesario recalcar que el coaching nutricional, en combinación con el programa nutricional pautado por un especialista en nutrición, tiene un principio y un final. Como cualquier proceso sujeto a objetivos claros y definidos, conlleva un plan de actuación concreto y una valoración y seguimiento continuados. Por supuesto, se trata de un proceso voluntario, nunca podría ser forzado. Y es que, como cualquier proceso de aprendizaje, conlleva un compromiso honesto y la honestidad debe ser, en primer lugar, con nosotros mismos. El autoengaño y el deseo de inhibir la incomodidad que nos produce reconocer nuestros errores y nuestras debilidades solo nos va a estancar y a sabotear nuestros deseos. Por eso es muy importante la compasión y, en este caso, la autocompasión. En los últimos tiempos, esta palabra parece haber adquirido ciertas connotaciones que nada tienen que ver con su significado real y, dada la gran importancia que tiene para todo proceso de cambio, tendremos la oportunidad de hablar nuevamente de ella más adelante.

PROPÓSITO

Todo proceso de mejora nace de una motivación, de un deseo real y auténtico. No hace falta estar mal para desear sacar nuestro máximo potencial; al igual que no hace falta estar enfermo para querer aprender a alimentarnos de la mejor manera para nuestro organismo. Entender que una buena alimentación es un método preventivo, una manera de invertir nuestro «aquí y ahora» en un futuro óptimo.

Tomar consciencia sobre nuestra alimentación supone práctica, entrenamiento y constancia. **Integrar cualquier hábito supone un proceso de adaptación que es diferente para cada persona.** Por ello, recomiendo hacerlo poco a poco y de menos a más. Debemos tener presente que el camino se debe sentir igual de estimulante e inspirador que la meta. Y para ello es vital disfrutar del proceso, «ponérnoslo fácil», crear metas pequeñas cuya suma supongan un gran avance en el tiempo. Evita hacerte grandes expectativas al principio. Esto último no quiere decir que te vayas a conformar con un mal resultado, al contrario, estás trabajando en garantizar un buen resultado, sostenible en el tiempo.

Recuerda: **«Tú eres tú y tienes tu propio ritmo»**.

Lo más interesante al integrar una pauta nutricional de la mano de los dos profesionales que se especializan en ámbitos diferentes, pero complementarios, reside en la simplicidad del proceso.

Los conocimientos de nutrición y las herramientas de coaching, en este caso, pueden agilizar mucho la integración de las pautas nutricionales, siempre y cuando no exista un TCA (Trastornos de la Conducta Alimentaria) u otra patología psicológica, puesto que, en ese caso, debería derivarse a un profesional de la psicología o psiquiatría. Un coach profesional puede llegar a trabajar con un psicólogo, por ejemplo, pero siempre bajo la supervisión del profesional de la salud, de manera totalmente complementaria y siguiendo las directrices que el psicólogo defina. De hecho, un coach profesional debe tener los conocimientos necesarios para identificar sus competencias y, ante la mínima duda, disponer de los recursos necesarios para derivarlo a un profesional de la salud mental. Todo esto está contemplado en el código deontológico de la ICF y, además, es una cuestión en la que se hace especial hincapié en los programas de formación acreditados por este organismo como por ASESCO.

> «Las principales distinciones entre el coaching y la psicoterapia están basadas en el foco, el propósito, y la población. El coaching pone foco en la visualización, el éxito, el presente, y se mueve hacia el futuro. La terapia acentúa la psicopatología, las emociones, y el pasado para entender el presente. El objetivo del coaching es con frecuencia sobre la mejora de funcionamiento, el estudio, o el desarrollo en alguna área de la vida, mientras que la terapia a menudo se sumerge en temas emocionales profundamente arraigados para trabajar sobre la curación de la persona o la recuperación del trauma. El coaching tiende a trabajar con individuos que funcionan bien, mientras que el trabajo de terapia tiende a ser para individuos con algún nivel de disfunción, desorden o trastorno. La terapia trabaja con el desarrollo de habilidades para el manejo/ gestión de emociones o temas del pasado (...) Un coach puede explorar el pasado, la vida familiar, o las emociones de su cliente para comprender las historias de origen que el cliente relata sobre el presente y el futuro. Lo que es importante resaltar es que un coach no diagnostica, ni ofrece tratamiento.
>
> Las Competencias Básicas de ICF y el Código Ético incluyen, ambos, imperativos para derivar a clientes a otros profesionales de apoyo cuando sea necesario. Además, la investigación muestra que la intervención temprana por derivación puede impactar positivamente en los resultados de salud mental de los clientes».

Este es un fragmento de la guía «Derivando un cliente a Psicoterapia» que ofrece ICF España en su web para los profesionales del coaching y que se pone a disposición en los programas de formación acreditados.

Una vez aclarado este importante punto, sería interesante recalcar que la idea de combinar ambos recursos, las herramientas de coaching y los conocimientos sobre nutrición con base y evidencia científica, suponen una ventaja con respecto a cualquier otro método de aprendizaje.

Al crear un plan nutricional que se adapte no solo a la condición física del paciente, sino a sus necesidades sociales, familiares, etc. es más sencillo poder sustituir los hábitos nocivos, o menos recomendables, por hábitos y alimentos más recomendables para este. Y el hecho de contar con una asistencia personalizada permite la adaptación paulatina del cambio.

Durante mucho tiempo, se ha extendido la falsa creencia de que debemos desoír nuestras apetencias, deseos y, muchas veces, nuestras propias necesidades si lo que queremos es obtener el éxito con el cambio de hábitos de alimentación. Y esto no es del todo así, es más, nos atreveríamos a decir que es justo lo contrario. Cuando se trata de nuestra salud, de mejorar hábitos de alimentación, tenemos el propósito de sentirnos mejor, interna y externamente. Y no solo eso: de sentirnos anímicamente bien. Esto es algo que no debemos perder de vista en ningún momento. El camino se debe sentir igual de positivo que la meta. De no ser así, seguramente no conseguiremos el éxito en nuestro propósito.

Para empezar, las restricciones en la dieta suelen tener el efecto contrario al deseado. De hecho, se consideran un factor de riesgo en el desarrollo de la obesidad y los trastornos alimenticios. Hay estudios recientes que ponen de manifiesto cómo la restricción detona el deseo de los alimentos. Y es que la propia palabra «dieta» nos suele evocar palabras como prohibir, fuerza de voluntad, disciplina, exigencia, etc. Sería interesante revisar el uso de esta palabra y el significado asociado que tiene y que no tiene tanto que ver con el que realmente tiene para un nutricionista, por ejemplo.

Aprender a reconocer nuestras necesidades es el primer paso. Además, esto está completamente vinculado a aprender a reconocer nuestras emociones, dado que las emociones son el primer indicador de nuestras necesidades.

EL TIEMPO DEL AHORA

«Si quieres construir un barco no empieces por buscar madera, cortar tablas o distribuir el trabajo; primero has de evocar en los hombres el anhelo del mar libre y ancho».
Antoine de Saint-Exupéry

EL MOMENTO PERFECTO ES ¡AHORA!

Para iniciar un cambio de mejora, un cambio que genere cualquier tipo de progreso en tu vida debes tener esto presente: este es el momento perfecto, aquí y ahora.

Los condicionamientos – excusas:

Es más común de lo que imaginamos crear y poner condicionamientos a nuestra felicidad y a nuestro progreso. ¿Cómo puede ser? Pues es a través de la *procranistación* que se alimenta, principalmente, de excusas que emplean los condicionamientos del tipo: cuando esté más delgado/a haré ese viaje, empezaré a comer mejor después de vacaciones, empezaré a entrenarme físicamente una vez que pasen las fiestas, etc. ¿Te suena? Y es que tenemos la falsa creencia de que algo debe suceder para que nosotros nos cumplamos con nuestros deseos y necesidades. Nos vamos dejando para después. Y este es otro mensaje importante que estamos dándonos a nosotros mismos y que repercute en nuestra autoestima. A veces no somos conscientes de lo importante y valiosa que puede ser la autoestima en nuestra vida para nuestra salud y nuestro bienestar.

Es por ello que te animamos a que te escuches a ti mismo en momentos así y te preguntes: ¿para qué esperar?, ¿qué me impide iniciar mi progreso?

Se puede entender que, si estás de vacaciones, pienses en la vuelta a casa para iniciar las sesiones de entrenamiento en tu gimnasio, por ejemplo. Pero eso no es una justificación ni un eximente para empezar a moverte hoy mismo, dando un paseo más largo, subiendo las escaleras en vez de coger el ascensor, practicar una actividad divertida que suponga actividad física o plantearte estirarte por las mañanas para mejorar tu higiene postural lo que, seguramente, te agradecerás al momento.

Lo mismo sucede cuando nos planteamos empezar a practicar yoga o nos interesamos por el mindfulness y la meditación. Empieza por estirar el cuerpo y respirar profundamente, a lo largo del día. Empezar con darnos 5 minutos para realizar respiraciones diafragmáticas (llenando la tripa de aire al inhalar por la nariz y exhalando lentamente por la boca) en cualquier momento y bajo cualquier circunstancia.

Ir creando el hábito de escuchar tu cuerpo, de sentirlo, de identificar tus pensamientos y de reconocer tus emociones. Empezar por escribir en el «bloc de notas» del móvil cómo te sientes después de una situación estresante o desagradable o, al contrario, deleitarte en las sensaciones de una experiencia amable e inspiradora.

El hábito de alimentarnos bien, de cuidarnos, de respetarnos, de amarnos no supone una compleja técnica basada en pasos y reglas estrictas, tipo: paso uno, paso dos, paso tres... El hábito empieza por tenerlo y comprometernos con el objetivo superior, la causa original, el propósito: SENTIRTE AUTÉNTICAMENTE BIEN. Y debemos destacar la palabra auténtica porque hay muchas formas de sentirnos bien sin que estas estrategias que ponemos en marcha impliquen que estamos cuidando de nosotros. Por ello, es muy importante que no perdamos de vista el auténtico propósito y el principal objetivo del que surge, después, todo lo demás.

LA INTENCIÓN PRINCIPAL

A continuación, y para simplificar un poco este proceso de identificación, te proponemos un ejercicio. Somos de la opinión de que coger papel y boli o disponer de un dispositivo para escribir los pasos del ejercicio marca una gran diferencia. Pero, una vez más, tú decides. ¡Vamos allá!

Haz una lista de 10 «cosas» que quieres o deseas (querer y desear no es exactamente lo mismo) ver cumplidas, por ejemplo:

- Quiero/deseo volver a entrar en la talla de un traje que me compré hace un tiempo y que me encanta.
- Quiero/deseo sentirme más ligero/a mientras camino o hago cualquier actividad física.
- Quiero/deseo saborear de mi tiempo para comer y no sentirme mal una vez que he terminado.
- Quiero/deseo dosificar las cantidades de comida, a lo largo del día.
- Quiero/deseo hacer una elección más inteligente del tipo de alimentos que como.
- Quiero/deseo experimentar digestiones menos pesadas.
- Quiero/deseo disfrutar llevando el tipo de ropa que me gusta.
- Quiero/deseo mejorar mis analíticas.
- Quiero/deseo mejorar mi rendimiento físico.
- Quiero/deseo sentirme más seguro de mismo cuando hablo en público.
- ETC.

Así hasta diez. Puedes poner más y el ejercicio es válido si escribes alguna menos, pero es mejor que intentes reunir diez «cosas» o intenciones que te gustaría manifestar en tu vida, en este preciso momento.

Una vez que ya las tienes identificadas de forma clara y precisa, contesta: **¿qué tienen en común todas ellas?, ¿a qué necesidad o deseo responden?** Siguiendo el ejemplo anterior, podríamos decir que el nexo común de todas ellas es mejorar la alimentación o, si avanzamos un poco más, podríamos concluir que el origen común de todas estas cosas reside en «mejorar mi autocuidado», «disfrutar de un buen bienestar».

Y para terminar de salir de dudas, reformula los deseos, a modo de pregunta, empezando con «PARA QUÉ», es decir:

- ¿PARA QUÉ quiero/deseo volver a entrar en la talla de un traje que me compré hace un tiempo?

- ¿PARA QUÉ quiero/deseo sentirme más ligero/a mientras camino o hago cualquier actividad física?
- ¿PARA QUÉ quiero/deseo saborear de mi tiempo para comer y no sentirme mal una vez que he terminado.

¡Haz tú lo mismo con tus intenciones!

Ahora bien, para poder manifestar este cambio, esta transformación, debemos tener en cuenta que **el método puede ser la iluminación, no intelectual**, el deseo auténtico de realizar ese «salto», o bien a través de la experimentación de un dolor muy intenso, a consecuencia de un acontecimiento que nos marca y nos deriva en **una crisis**, en una ruptura de algún tipo que, innegablemente, nos despierta el deseo de superar la situación o reto que nos ha sobrevenido de forma fortuita.

Estoy trabajando algo para conseguir algo. Tener una intención para una meta determinada: el ego está envuelto. Una vez que uno se desapega del resultado, el resultado va a venir. **Pero no puede haber apego al resultado**. Tenemos que trabajar, centrar la energía y nuestros esfuerzos en la intención, pero hay que llegar a la intención- causa y no a la intención-consecuencia.

OBJETIVO INSPIRADOR

«Quien tiene por qué vivir encontrará siempre un cómo».
Friedrich Nietzche

Volviendo al ejemplo de la bicicleta, del que hablábamos en capítulos anteriores. Cuando has decidido que quieres aprender a montar en bicicleta no estás pensando en que tu deseo radica en poner recto el manillar, mantener erguida la espalda y dar a los pedales. Tampoco estás pensando, mientras estás en pleno intento, en la bici nueva de la que vas a presumir con tus amigos ni de la excursión que vas a hacer con tu hermana, por ejemplo, ¡no! En el momento preciso en el que estás trabajando por tu intención de aprender a montar en bicicleta, tu atención y tu ser están comprometidos en avanzar, en conseguirlo.

Puede parecer un ejemplo un poco simple, pero consideramos que puede ser de gran ayuda para explicar este proceso. El motivo, el deseo, que te ha movido y mueve a intentarlo cada tarde viene de un deseo que, en realidad, no tiene una consecuencia tan aparente como ir de excursión en bicicleta o enseñar a tus amigos cómo montas tu bici nueva. No creemos que eso sea la principal causa de que obvies los moratones de las caídas anteriores y el susto que todavía llevas en el cuerpo a causa de la estrepitosa caída en uno de tus intentos.

La intención nace del deseo de autorrealización, de tu deseo de «amor propio». Ese es el verdadero impulso. Puedes reconocerlo o no, a priori, pero si indagas en tu «para qué» y vas hasta el último «para qué» de tu intención te darás cuenta de que estoy en lo cierto.

Por supuesto, todos tenemos muchas motivaciones e inquietudes que nos llevan a decantarnos por deseos e intenciones, pero no es hasta que conectas con un deseo auténtico, que te mueve por dentro, que el juego se pone en marcha. El juego de la ilusión, de las ganas, de los «buenos nervios», el juego de la vida.

> No es hasta que conectas con la esencia de tu propósito que estas realmente comprometido con el proceso, dure lo que dure, cueste lo que cueste. Y ahí es donde la constancia toma especial protagonismo. Es ahí cuando la incomodidad e, incluso, el dolor del cambio, se resignifican y son combustibles para tus ganas, para tu motivación, para tu aprendizaje. Se trata de una incomodidad que te hace avanzar y de un dolor que están muy lejos de convertirse o confundirse con el sufrimiento.

> «UNO ATRAE LO QUE ES Y NO LO QUE SERÁ»
> Si no reconozco lo que deseo manifestar en mí y para mí, no puedo atraerlo a mi mundo físico y tangible.

Si nos paramos a pensar, todo los «quieros/deseos» en los que has pensando son, en realidad, consecuencias de algo y ese algo es en realidad **el propósito auténtico de tu intención**.

Llegados a este punto, planteamos el siguiente interrogante: ¿qué sentido tiene tratarme mal y poner en prácticas estratégicas que me causan un malestar (diferente a una incomodidad) si lo que deseo es «SENTIRME Y ESTAR AUTÉNTICAMENTE BIEN, si lo que deseo es CUIDARME». Es vital que nuestra atención esté puesta al 100 % sobre el verdadero deseo, el verdadero para qué, el verdadero propósito.

Recordemos que un objetivo debe ser inspirador y debemos poder comprometernos con él, por lo que tiene que estar en coherencia y congruencia con nuestros valores y principios. Después, vendrá la parte en la que habrá que definir un plan.

¿CÓMO PUEDES TRABAJAR TÚ LA INTENCIÓN?

Enamorarte del proceso más allá del cóctel de sustancias químicas que entran en juego en el cerebro y que pueden resultar un gran ¡shift! de estimulación y motivacional ¿NO TE HAS SENTIDO INVENCIBLE CUANDO ESTABAS ENAMORADO? Te animamos a que te enamores de ti, de tu organismo y que inicies una relación llamada: AUTOCUIDADO.

RESISTENCIAS

Tengamos muy presente la evidencia que supone haber podido manifestar realidades, a priori, imposibles, pero que tras esfuerzo y dedicación acabarían convirtiéndose en hechos fehacientes e, incluso, en éxitos de los que sentirnos orgullosos.

Ser flexible con los tiempos, no someternos al resultado. **En la mayoría de los casos no se sabe el cómo, pero cuando se confía en el proceso: el cómo llega con cada paso que damos.**

Y recordemos que todo proceso de cambio se basa en la experiencia, no en la acumulación de información o de datos. La acumulación de información no garantiza la experiencia ni el conocimiento. Empezar a hacer, equivocarse, caerse y levantarse es parte del proceso.

Tampoco tenemos que esperar a tener un problema para comprometernos con nosotros en un proceso inspirador, de crecimiento, de aprendizaje, de mejora. «¿Cuánto puedes tardar? ¿Será más o menos difícil?» Eso depende de nuestra toma de decisiones, es nuestra responsabilidad, es parte de nuestra libertad de elección.

TU SABOTEADOR INTERNO

Henry Ford, fundador de **Ford** (1863 – 1947): «**Si crees que puedes**, tienes razón. **Si crees** que no **puedes**, también tienes razón».

Aquello en lo que creemos tiene un gran impacto en nuestras vidas, incluido aquello que creemos sobre nosotros mismos. Esto sucede tanto si tenemos una **autoimagen** positiva como si, por el contrario, tenemos una consideración negativa acerca de nuestras propias capacidades.

Llamamos **creencias limitantes** a esas certezas creadas en base a nuestras propias experiencias y percepciones, las cuales lejos de reforzar la confianza en nuestro potencial, nos impiden ver el verdadero potencial de éxito. Las creencias limitantes son pensamientos que condicionan el desarrollo de nuestras habilidades y aptitudes. Impiden que saquemos nuestra mejor versión.

Puede parecernos una obviedad, pero es mucho más común de lo que pensamos albergar creencias basadas en percepciones que, o bien ya no se corresponden con la realidad actual, o bien tienen su origen en una interpretación distorsionada sobre nosotros mismos. Y, en ocasiones, muchas de estas creencias ni tan siquiera nacieron de nosotros, puede que un comentario descalificativo y poco acertado de un adulto, en nuestra infancia, tuviera un gran impacto en nosotros y eso quedó archivado en nuestra memoria.

Es por ello que debemos tener muy presente que, en el momento actual, disponemos de todo lo necesario para sustituir esta creencia limitante por otra que incentive nuestro desarrollo. Por ejemplo, si cuando eras pequeño te hacían comentarios despectivos sobre tu aspecto, porque tenías sobrepeso y llegaste a creer que no eras una persona ágil, con capacidad para la actividad física... A día de hoy, tú puedes cambiar esa percepción y esa limitación que solo existe en tu recuerdo.

Creemos que siempre somos conscientes de lo que acontece en nuestra mente. No obstante, está demostrado que hay infinidad de procesos cognitivos que se producen sin la atención o control consciente de la persona. Y uno de ellos es el autosabotaje.

Si buscamos la palabra sabotaje en la RAE, la definición que se ajusta a este contexto es:

«Oposición u obstrucción disimulada contra proyectos, órdenes, decisiones, ideas, etc.».

Hablamos de autosabotaje cuando el origen del sabotaje es inconsciente, de índole personal.

«El autosabotaje es un acto tendente a obstaculizar un logro a través de manipulaciones inconscientes dirigidas hacia uno mismo».

¿Cómo reconocer que te estás autosaboteando?

1. **No te cumples:** no estás cumpliendo tus propias intenciones. Sientes que es el momento de poner en acción tu plan para cumplir con tu compromiso, pero te descubres haciendo todo aquello que te aleja del objetivo.
2. **Por supuesto, te pones excusas:** en tu diálogo interno existen multitud de justificaciones que te excusan por no haberte cumplido.
3. **Si no está perfecto consideras que no es suficiente:** Y, por ello, te dices a ti mismo/a que «para hacerlo mal mejor no hacerlo» o ¿para qué terminarlo?

    De este modo, estas obviando el resaltante hecho de que «nadie nace sabiendo» y que la excelencia y el éxito tienen más que ver con la repetición y la constancia que con la perfección.

    Además, cada día cuenta para nuestro organismo, y si un día no hemos seguido el plan nutricional previsto, pero anteriormente sí lo estábamos cumpliendo... ¡eso que nuestro cuerpo ya ha ganado!, ¿no crees? Estaremos un paso más cerca de conseguirlo. Un error, un abandono temporal, no anula lo que anteriormente hemos hecho de forma adecuada.
4. **Te dices: «ya lo haré mañana». Procrastinas o pospones el plan de acción.** Una frase muy común podría ser: «cuando termine esto ya me pongo con lo que tengo que hacer» – y eso nunca sucede. Otra que, seguramente, también te sonará: «empiezo el lunes» o «a la vuelta de vacaciones me pongo con ello».
5. Otra forma de indentificar los autosabotajes es teniendo en cuenta que suelen generar **sensaciones intensas de baja autoestima** («que desastre soy, no soy capaz, nunca lo conseguiré, a mi esto siempre se me ha dado fatal...»), **estrés negativo e irascibilidad** («estoy harto, no aguanto más, no lo soporto, paso de esto...»), **ansiedad, culpabilidad, miedo al fracaso, inseguridad**, etc.

El autosabotaje en realidad no es algo que se produce de forma consciente y no resulta evidente, a priori, para la propia persona que lo padece.

Pongámonos en situación:

Cuando nos decidimos a iniciar un plan nutricional, para cuidar de nuestro organismo, mediante una nutrición adecuada, y nos decidimos a comprar los alimentos que figuran en la lista de la compra que nos ha facilitado el nutricionista. En ese momento, no estamos pensando en que, al llegar a la hora del almuerzo, vamos a ignorar las pautas nutricionales y vamos a cocinar con el doble de aceite y sal recomendados, por ejemplo. Entonces, **¿cuál es el motivo por el que nos autosaboteamos?, ¿qué sentido tiene haber llegado a una parte del proceso para después «errar» a sabiendas?** Por muy extraño que nos pueda parecer, en muchos casos, lo hacemos por una necesidad inconsciente de **sentirnos seguros**. Si llevamos mucho tiempo, o toda una vida, alimentándonos de un modo poco consciente y sin hacer una buena elección nutricional, es muy fácil que ante la nueva situación te sientas menos seguro. Y es que solo podemos sentir la idea de fracaso una vez que nos decidimos a intentarlo.

Otra de los motivos que puede derivar en un autosabotaje es el desconocimiento de nuestras propias necesidades o, incluso, el no saber reconocer fácilmente nuestras emociones, ya que éstas son claros indicadores de las primeras.

«CONFORTABLEMENTE ME AHOGO»

Iniciar un cambio, como es un nuevo hábito nutricional, supone salir de lo que se conoce como «zona de confort». Seguramente ya conozcas ese término.

La zona de confort hace alusión a un estado psicológico, vinculado a un lugar, una línea de pensamiento, un tipo de acciones y una serie comportamientos que nos generan una sensación de seguridad y bienestar, al menos, aparentes. Básicamente, en una «zona de confort» nuestro nivel de rendimiento es, más o menos, constante en un área determinada y eso hace que nuestros niveles de estrés, inquietud y necesidad de esfuerzo sean, prácticamente, los mismos. No hay alteraciones que nos generen la necesidad de aprendizaje continuado, por ejemplo.

Es por ello que un cambio supone incrementar esa incomodidad al enfrentarnos a una circunstancia diferente. Y, aunque tengamos claro que deseamos modificar algo de nuestra rutina, en realidad, también nos supone un esfuerzo y eso es porque nos estamos enfrentando ante una realidad desconocida, pues no nos resulta familiar.

¿TE CREES TODO LO QUE TE DICES?

Algo que siempre recomendamos antes de iniciar un nuevo reto es **hacer un listado, mental o escrito, de certezas contrarias a tu miedo al fracaso.**

¿Qué quiere decir? Si encuentras datos fehacientes sobre otras personas que han conseguido el objetivo que tu ambicionas, y recuerdas experiencias propias en las que tú mismo conseguiste cumplir con un reto que tenía cierta similitud con este nuevo que afrontas... Si es así, estarás dando evidencias, pruebas y argumentos a tu mente de que el objetivo es posible. Por lo tanto, ¡puedes hacerlo!, hay evidencias que apoyan tu deseo.

Cuando sintamos esos pensamientos que parecen querer limitar nuestro propósito o hacernos sentir poco merecedores o merecedoras del éxito, recordemos que no se trata de entrar en guerra con nosotros mismos sino, más bien, de escucharnos, de atender nuestras dudas e inquietudes y trabajar en ellas ofreciendo recursos de valor reforzando así nuestra motivación y confianza en nuestras capacidades. **Cuidar de nuestro diálogo interno es imprescindible**.

> ¿Cuál es el verdadero deseo que anhelas y que todavía no has trabajado en hacerlo realidad?, ¿qué te lo impide realmente? – pregúntate.

¿Estás siendo coherente con tus pensamientos y acciones? - Recuerda que contar el plan o hablar de él no supone, necesariamente, que lo estés llevando a cabo.

¡Obsérvate! Y analiza si tus pensamientos, palabras y acciones están alineados, descubre si estas siendo coherente. Y un buen *tip*, en este punto, sería recordarte que «las palabras se las lleva el viento» y que las palabras sin acción ni efecto son palabras poco ecológicas, puesto que consumieron una energía que no generó ninguna acción significativa para nosotros.

Por lo tanto, no te agotes sin más hablando o pensando en cómo va a ser el proceso: actúa, da el primer paso y, después, el siguiente. Siempre hay unas primeras veces para todo y para todos. **Además, ¿qué consigues quedándote en la misma situación?, ¿cuál es el beneficio que puedes llegar a obtener realizando el cambio?**

Afianza y crea la creencia en tu pensamiento de que: ¡es posible! Todo a su debido tiempo, al ritmo que sea necesario, pero es posible. Desapegándonos del resultado, sabiendo que el camino a la meta nos puede aportar ¡tanto o más que la propia meta!

> Y, recuerda, da atención a tu meta, a tu objetivo. ¡Donde va tu atención va tu energía!

Y TÚ, ¿CÓMO APRENDES?

El Dr. Thomas Gordon, psicólogo y educador, pionero en el campo de las relaciones humanas, expuso que en cualquier proceso de aprendizaje hay diferentes etapas. Según el doctor, nos encontramos con cuatro fases del aprendizaje.

En primer lugar, encontramos la incompetencia inconsciente: en esta fase, no sabemos que desconocemos cómo llevar a cabo una acción o desarrollar una tarea concreta. Desconocemos que nos falta el conocimiento. En cambio, sentimos una gran ilusión y pasión. Estamos dispuestos a todo por hacerlo posible.

Un buen ejemplo podría ser cuando nos sentimos emocionados con la idea de mejorar nuestro rendimiento físico, nuestro peso o vernos más saludables y con mejor aspecto. En este punto, podemos embarcarnos en la lectura de innumerables artículos de información sobre dietas, recomendaciones nutricionales de figuras conocidas y declaraciones de personas que consideramos referentes en ese ámbito. Además, podemos adquirir algún libro que nos haya recomendado alguna persona de confianza. Nuestro nivel de entusiasmo e interés es tal que consideramos más que probable que, recopilando cierta información, podremos llevar a cabo nuestra meta.

A partir de esta primera etapa, llegamos a la segunda fase, la de la incompetencia consciente: en este punto, ya somos conscientes de que nos falta conocimiento y, además, caemos en cuenta de que debemos mejorar alguna de nuestras facultades para poder ver cumplido nuestro objetivo.

Podríamos decir, siguiendo el ejemplo anterior, que en esta etapa entendemos que no todo lo que se publica en blogs, webs, redes sociales y revistas sobre nutrición es necesariamente cierto y que, si queremos convertir en realidad nuestras expectativas, el camino empieza por dar con un buen profesional especializado que nos asesore y enseñe a nutrirnos adecuadamente, de forma personalizada. Esta etapa es, sin duda, un gran avance en nuestro proceso de aprendizaje.

La tercera fase se denomina la «conscientemente competente»: consiste en tomar consciencia de que estamos aprendiendo. No es una etapa tan abrumadora como la anterior, dado que experimentamos una cierta satisfacción ante nuestro evidente progreso. Todavía nos queda camino por recorrer, pero ya nos sentimos más alineados con el futuro resultado.

Volviendo al ejemplo anterior, podríamos decir que esta fase se experimenta cuando, tras varias semanas siguiendo las recomendaciones de los profesionales, empezamos a sentir los efectos positivos en nuestro cuerpo y en nuestro estado general. Nos reconforta haber tomado la decisión de embarcarnos en esta nueva travesía y sentimos que, paso a paso, el esfuerzo está mereciendo la pena y la alegría.

Y, para terminar, **llegamos a la etapa final que recibe el nombre de «inconscientemente competente»**: la práctica de lo aprendido, la constancia en nuestro empeño y la inversión de recursos ha dado como resultado el éxito en ese aprendizaje. En este punto, contamos con la información suficiente y el dominio necesario para sentir que hemos materializado nuestra intención.

Podríamos decir que esta fase se experimenta cuando hemos llegado a crear nuevos hábitos, en base a nuestra rutina de alimentación y vida saludables. Ya hemos integrado, en nuestro día a día, las nuevas pautas nutricionales. Hemos conseguido la adherencia de los nuevos buenos hábitos.

Antes de concluir este apartado, sería interesante destacar la importancia de las opciones. Teniendo en cuenta las particularidades de cada persona, debemos considerar que no todos los métodos o procesos de aprendizaje sirven del mismo modo para un tipo de persona. **La adecuación personalizada de los procesos de aprendizaje es fundamental para garantizar resultados positivos. Considerar que cuantas más opciones tengamos a nuestra disposición, más oportunidades y probabilidades de éxito obtendremos.**

¡Amplía tu visión!

¿CULPA O RESPONSABILIDAD?
Desarrollando tu neuroplasticidad

«El mundo tiene problemas que no pueden ser resueltos pensando de la misma manera en que lo hacíamos cuando los creamos».
Albert Einstein

Todos tenemos la capacidad de resignificar la vida e, incluso, el pasado. Podemos mirar atrás y lamentarnos por los errores cometidos, debilidades y fallos o agradecer que somos capaces de identificarlos a día de hoy, lo cual quiere decir que «si ves el fallo» es que ya estás en situación de «hacerlo mejor». Sé consciente y toma acción en consecuencia.

En cambio, muchas veces, sucede lo contrario, puesto que nos lamentamos, una y otra vez, por el sentimiento de **culpa** que nos produce habernos equivocado o haber fallado en algo. Recordemos las veces que abandonamos una dieta, que dejamos de practicar deporte o cuando nos lamentamos por la vez que fumamos o tomamos una copa con alcohol que, sentimos, ya estaba de más...

¡¡Culpa, culpa, culpa!! El sentimiento más inútil de la historia de la humanidad.

El sentimiento más inútil, ¡claro está!, si lo que queremos es privarnos de la oportunidad de ser felices y de mejorar en algo, queremos decir. **Es por ello que es mejor sustituir la palabra «culpa» por la palabra «responsabilidad».**

La responsabilidad es un término que nos da opciones, nos da autonomía, nos ofrece la libertad de enmendar nuestros errores y no volver a equivocarnos. Cuando abandonamos la culpa, que nos sume en un estado de enfado, autocastigo y desidia, y asumimos la responsabilidad, **empezamos a cambiar nuestra perspectiva y la interpretación de lo acontecido se convierte en la oportunidad de aprender del error y sustituir nuestras acciones por otras mucho más efectivas y adecuadas.**

Imaginemos que una tarde, tras un día durísimo de tensiones en el trabajo o tras una discusión con un ser querido, devoras una bolsa de patatas chips mientras ves tu serie favorita… Al terminar, cuando te reconozcas (en un arranque de sinceridad) que eso no era lo mejor que podías haber hecho para cuidar de tu organismo… Entonces, se te presentan dos opciones:

- **Opción 1.** Enfadarte contigo mismo y sumirte en una actitud negativa de autocastigo para acabar jurándote que «¡NUNCA MÁS VOLVERÁS A HACERLO! (con golpecito de pecho incluido).
- **Opción 2.** Preguntarte qué es lo que te ha llevado a perder de vista tu deseo de cuidarte, aquello de lo que estabas huyendo cuando decidiste «desconectarte» del mundo con bolsa de *patatas chips* en mano. Y, ya de paso, considerar si la mejor opción era tener esa bolsa de patatas en el armario de la cocina en estos momentos. Se trata de ponérnoslo «facilito», no se trata de exigirnos ser superhéroes ante situaciones que, a priori, nos pueden resultar todo un reto.

Dicho así, seguro que parece bastante obvio, ¿cierto? Bien, pues ¿cuántas veces nos hemos descubierto a nosotros mismos poniéndonos dificultades de más y enfadándonos trágicamente por el resultado? ¿Y cuántas veces nos hemos autocastigado por ello?

Y es que, al igual que cuando hablamos de dejar de comer ultraprocesados, para empezar a comer más alimentos naturales no estamos hablando de «dejar de comer», sino de SUSTITUIR unos alimentos por otros... Cuando hablamos de actitudes y comportamientos que nos alejan del objetivo, hablamos de sustituir esas actitudes y comportamientos por otros que sí nos acerquen a nuestro objetivo. Y para esto hay algo imprescindible que debemos entender: TODO LO QUE HACES LO HACES POR UN MOTIVO. Casi al 100 %, te diremos que **el motivo que te mueve a hacer lo que haces** no tiene nada que ver con perjudicarte, aunque a veces parezca que somos nosotros mismos nuestros mayores enemigos. Sin embargo, en realidad no es así y esa premisa carece de cualquier sentido práctico.

Haces lo que haces motivado por la idea, consciente o inconsciente, de que así estarás bien. Sucede porque la mente actúa con el único deseo de mantenerte a salvo, de proteger tu integridad, de garantizarte más tiempo de vida, de cuidarte... Pero esto no quiere decir que siempre esté acertada.

Cuando caminas por la calle, a paso rápido, para llegar a tiempo a tu destino y, mientras tanto, suena el móvil y te decides a sacarlo mientras sigues caminando y sorteando obstáculos (coches, farolas, personas, perros...), tu mente está actuando para protegerte, caminas en «piloto automático» poniendo en práctica tus reflejos, por ejemplo, y tu capacidad de elegir el trayecto más corto para cumplir con tu objetivo de llegar pronto a tu destino. Bien, tu mente ha puesto en acción su «piloto automático», sus mecanismos automatizados para cuidar de ti y cumplir el objetivo deseado.

Ahora bien, ¿qué ocurre si todos los días te levantas a la misma hora y siempre vas con la hora justa para llegar a tu destino?, ¿qué ocurriría si un día contaras con más tiempo del habitual y salieras a la calle sin darte cuenta de ello? Seguramente, irías al mismo paso que el resto de las veces anteriores en las que sí tenías el tiempo justo para llegar.

Esto nos sucede con todo en nuestro día a día y, seguramente, si te paras a pensar te darás cuenta de que alguna vez te ha sucedido algo similar con otras actividades. Como, por ejemplo, no darte cuenta que es sábado y sigues la misma ruta en coche que el resto de la semana cuando tienes que ir a trabajar. Bien, pues tales circunstancias acontecen cuando hemos automatizado mecanismos de defensa o estrategias de resolución.

¿A qué me refiero? Es sencillo:

Imaginemos el caso hipotético de que, cuando eras pequeño, te premiaban con dulces al portarte bien o sacar buenas notas en el colegio. Con el tiempo, has creado algo que se llama **neuroasociación**. Tu cerebro asocia, en este caso, los dulces con un comportamiento que genera orgullo, satisfacción, éxito y bienestar. Por lo tanto, resulta fácil descubrir la razón por la que tu mente pone en acción la estrategia de ingerir unos ricos dulces cuando sientes que mereces ser premiado, celebrar algo o, simplemente, sentirte bien para aliviar cualquier malestar.

Lo mismo nos puede suceder ante la idea de «comer grandes cantidades» o a la hora de ver como algo positivo «no dejarse nada de comida en el plato», aunque nuestro cuerpo esté dando claros indicios de que no es necesario seguir comiendo.

Y aunque parezca muy obvio, me gustaría recordar que esto no va de culpas sino de afrontar soluciones en la actualidad. Todo lo aprendido se puede mejorar y está en nuestras manos.

Estas neuroasociaciones que acabo de mencionar acaban generando algo a lo que a nosotros nos gusta llamar «**mal bienestar**». Y es similar a lo que le puede pasar a un fumador cuando se enciende un cigarro, ya que tiene asociado el hecho de dar una calada a un cigarro con «sentirse aliviado, relajado, bien…» Cuando, en realidad, sabe que el consumo de ese cigarro no es saludable para su organismo. En esto radica la vital importancia de **autoobservarnos y ser honestos** con nosotros mismos, reconociendo cuáles de esos hábitos arraigados en nuestro comportamiento están «aceptados» como «bienestar» y, en realidad, hace mucho que dejaron de ser positivos para nosotros.

Al hablar del «mal bienestar» nos gusta poner «el ejemplo del medicamento»:

Cuando estamos enfermos, el doctor o la doctora nos receta un medicamento para paliar los síntomas de una supuesta inflamación a causa de una caída. Y bien, ¿qué sucede si mucho tiempo después de la caída, y una vez que ya nos hemos recuperado de la lesión, nosotros seguimos administrándonos el medicamento que nos habían recetado? En este caso, puede ser bastante obvio si, además, tenemos en cuenta que un medicamento tiene unos efectos derivados que no son tan buenos para otros aspectos de nuestro organismo. Bien, en el caso de las estrategias que integramos en nuestra vida diaria sucede algo muy similar.

No obstante, y tal como dice la escritora y conferenciante María Pineda en sus intervenciones: «una vez consciente no puedes ser indiferente».

> **La única constante que hay en nuestras vidas es el cambio, ya lo decía Heráclito.**

Y, aunque parece una obviedad, estamos tan absortos en los quehaceres diarios y en nuestro «piloto automático» que no nos detenemos a observar nuestros comportamientos y tomas de decisiones más rutinarios, los cuales, dicho sea ya de paso, tienen mucho más que ver con nuestros éxitos de lo que en la mayoría de los casos podríamos llegar a imaginar.

¡¡Ponte en situación!!

Supongamos, en este punto, que en tu trabajo te incluyen en un nuevo y complejo proyecto que implica aumentar tu horario laboral más de cuatro horas cada tarde y eso deriva en que pasas una larga temporada, digamos unos seis meses, sumido en un estrés galopante… ¿Qué sucede si, durante la duración del nuevo proyecto, adquieres el hábito de duplicar la carga de cafeína en el café de la tarde? Por supuesto, lo haces para sentir que rindes más y evitar, de ese modo, la sensación de cansancio y sueño tras las largas horas de intenso trabajo… A su vez, y viendo que cada vez estás más cansado al terminar la jornada, decides reducir tus horas de entrenamiento diario a la mitad para poder disponer de más tiempo para descansar y atender otros aspectos de tu vida personal. Como empiezas a llegar más tarde a casa porque el proyecto implica retrasar tu hora de salir, decides retrasar un par de horas el momento de la cena.

Bien, no son ideas tan descabelladas y te pueden resultar, a priori, estrategias interesantes para cumplir con las expectativas del nuevo y temporal proyecto. Ahora bien, una vez que termina el proyecto y ya has vuelto a tu rutina habitual (anterior al inicio del proyecto), olvidas los cambios que implementaste y continúas con los mismos hábitos tiempo después. ¿Te ha pasado?

El ritmo trepidante de tu vida y las otras cuestiones que te ocupan, cada día, parecen tomar de ti toda tu atención, llegando a olvidarte por completo de que los cambios instaurados durante el proyecto ya no se adaptan a tus necesidades actuales. Y, es más, empiezas a comprobar que te cuesta dormir bien e, incluso, estás subiendo de peso, por no hablar del malestar estomacal que sufres desde las últimas semanas y que parece ir a más por momentos...

¿Qué está sucediendo?, ¿a qué se deben esas molestias?

En esta hipótesis, nos puede parecer muy evidente qué sucede, pero es curioso que en nuestra vida diaria solemos pasar por alto estas revisiones ¡tan necesarias! Y todo esto se debe a una falta de atención por nuestra parte. Una falta absoluta de autoobservación, de atención consciente o plena a nuestro cuerpo y sus necesidades.

Seguramente, el malestar estomacal empezó, de forma muy leve, al incrementar el nivel de estrés y las cantidades de café, sumado ¡claro está! a la falta de tiempo libre para realizar esas actividades de las que nos gusta disfrutar.

Por lo tanto, una vez que dejamos de dar atención a lo que hacemos y cómo lo hacemos y cómo nos sentimos física y emocionalmente cuando ejecutamos nuestras acciones, empieza a generarse una desconexión que nos impide revisar, descartar o diseñar estrategias que cuiden de nosotros y nos ayuden a conseguir nuestros objetivos. Cuando abandonamos la atención consciente y consecuente de lo que hacemos, nuestra mente activa el «piloto automático» y pone en acción las estrategias que, según el **histórico de experiencias**, han servido para mantenernos a salvo durante circunstancias iguales y similares. Con la salvedad de que «el piloto automático» no puede saber si esas antiguas estrategias son, realmente, las más adecuadas en base a nuestras circunstancias, condiciones y necesidades actuales. Es por ello que, en esta ocasión, **la mente, lejos de estar ayudándonos, nos puede estar saboteando en el objetivo de crear un buen bienestar**.

Si no aplicamos la atención consciente, la autoobservación objetiva, sin juicios, de nosotros mismos y de nuestra toma de decisiones, estaremos abocados o condenados a repetir el pasado.

Nuestra libertad de crear nuevas realidades reside en ser conscientes, aquí y ahora. Cuando priorizamos la experimentación del momento presente, sentir que estamos viviendo con todos los sentidos y no actuando de forma autómata en nuestros actos cotidianos, estamos trabajando nuestra **capacidad de manifestación**. Y, desde luego, por mucho interés que haya en darle connotaciones místicas a la palabra manifestación, se trata de una cuestión de lo más mundana y natural que existe. Y si no, piensa en todo lo que manifiestas a diario, consciente o inconscientemente. Por no hablar de que manifestar una dolencia es algo que nuestro cuerpo puede acabar haciendo si desoímos sus necesidades.

> **Entonces, ¿por qué mantenemos las mismas estrategias, durante tanto tiempo, a lo largo de nuestra existencia? La respuesta es clara: por falta de atención, de atención plena o atención consciente.**

Antes de continuar, y dado que ya hemos profundizado bastante en esta cuestión, solo quisiéramos puntualizar que **atención y concentración son términos diferentes**. La concentración es una función mental que nos facilita centrarnos, de modo constante y efectiva, hacia un estadio o punto precisos. La atención, en cambio, se refiere a un estado de consciencia abierto a todo lo que acontece y es una herramienta que posibilita vivir las experiencias, internas y externas, de una persona.

Llegados a este punto, y considerando el hecho de que, anteriormente, ya hemos hecho referencias al funcionamiento del cerebro, sería interesante explicar con un poco más de detalle en qué consiste la neuroplasticidad, ya que tiene un lugar destacado en todo proceso de cambio en la vida de una persona.

La neuroplasticidad, también denominada plasticidad sináptica o plasticidad neuronal, es la capacidad que tiene el cerebro para crear nuevas conexiones nerviosas durante el transcurso de la vida de una persona. Estas nuevas conexiones pueden surgir como respuesta a un estímulo sensorial, a una experiencia nueva, a información, a cuestiones emocionales, hormonales o como respuesta ante un acontecimiento traumático, un accidente o un daño específico.

A su vez, puede entenderse como una capacidad que tiene el cerebro para regenerarse y modificarse a nivel funcional y anatómico. En este sentido, existen dos tipos de neuroplasticidad:

- **La negativa:** es la causante de la poda neuronal, la cual veremos ahora. Esta neuroplasticidad es la que elimina las redes neuronales que no se están empleando.
- **La positiva:** es la neuroplasticidad que consiste en crear nuevas redes neuronales y en ampliar otras que ya teníamos.

Como ya vimos anteriormente, gracias a ella, podemos sobrevivir y adaptarnos a nuestro entorno y estilos de vida.

¿Recuerdas algún acontecimiento importante donde pasaras mucha vergüenza al haberte equivocado?, ¿o dónde estabas y qué hacías el día que dieron la noticia de un acontecimiento importante? Esto también es gracias a la neuroplasticidad y la carga emocional que experimentes es lo que garantiza que ese recuerdo se perpetúe en el tiempo. No solo es la práctica, como nos sucede al acostumbrarnos al cocinar con menos aceite o al incluir menos aderezo de sal en la ensalada, sino también la carga emocional que sentimos, la que determina la durabilidad de nuestro recuerdo o hábito. Da igual que la emoción fuera agradable o desagradable, el impacto emocional es lo que cuenta.

Por esta misma causa, la poda neuronal se produce al dejar de practicar un hábito. Por ejemplo, cuando dejas de practicar un idioma, notas cómo has perdido fluidez a la hora de expresarte, ¿cierto?

La buena noticia es que esta capacidad de nuestro cerebro la tenemos durante toda nuestra vida. Antes se pensaba que, a partir de una cierta edad, las neuronas no volvían a regenerarse. Hoy sabemos que la neuroplasticidad está a nuestra disposición durante toda nuestra experiencia vital.

Y no solo eso, se trata de una propiedad apasionante que cada vez ocupa más tiempo de estudio a los científicos. Algunas investigaciones han demostrado que incluso la práctica de una actividad compleja puede transformar algunas zonas de la corteza cerebral.

Esta capacidad tiene lugar gracias a las llamadas **neuronas espejo o neuronas especulares**.

Fue un descubrimiento fortuito del neurobiólogo de la Universidad de Parma (Italia) Giaccomo Rizzolatti, quien ganó el Premio Príncipe de Asturias de Investigación en 2011, mientras desarrollaba sus estudios en la Universidad de Parma.

Estas neuronas se llaman así porque tienen la cualidad de emular y repetir lo que captan, indistintamente de si se trata de una acción, un sentimiento, una emoción o un método. El sistema de espejo facilita hacer propias las acciones, sensaciones y emociones de los demás. Su trascendencia científica es tal que el neurólogo indio Vilayanur Ramachandran, llegó a concluir: «el descubrimiento de las neuronas espejo hará por la psicología lo que el ADN por la biología».

Las neuronas espejo son células motoras ubicadas en la corteza premotora y el lóbulo parietal inferior de nuestro cerebro. Se encuentran, prácticamente de forma exclusiva, en primates como los monos, los simios y los humanos. Todo este descubrimiento tiene lugar cuando Rizzolatti observó que algunas células nerviosas se activaban cuando el animal realizaba una actividad o solo cuando veía que otro la hacía. Es decir, el cerebro del macaco imitaba dicha acción al verla sin llegar a ejecutarla de forma física. Y esto mismo sucede en el cerebro de los humanos y con cuantas más neuronas espejo contemos en nuestro cerebro, mayor comprensión tendremos ante las emociones y acciones de otras personas.

Las neuronas espejo se activan cuando las personas observan una acción, actitud o acontecimiento que está sucediendo en su entorno y proceden a imitarlo. **El estudio de estas neuronas ha hecho posible saber más acerca de la cognición social, la imitación, el aprendizaje y la empatía.**

De aquí, también, deriva la **«teoría de la empatía de las neuronas espejo»**. Descubrir cómo funciona la neuroplasticidad ha facilitado la comprensión de la empatía. Gracias a las neuronas espejo nos conectamos con los demás mucho más de lo que podemos imaginar a priori, ya que nos facilitan la comprensión con nuestro entorno, con el resto de personas. Además, ha abierto nuevas líneas de investigación en relación a la función motora, al descubrir que podían influir en procesos cognitivos como la comprensión del lenguaje.

Gracias al descubrimiento de estas neuronas se ha podido ampliar la comprensión del comportamiento humano, el lenguaje, la cognición y las relaciones sociales. Y está permitiendo ampliar, científicamente, la comprensión de los comportamientos humanos y de las emociones.

AUTOESTIMA

«La autoestima no es el sustituto del techo sobre nuestra cabeza o de la comida en nuestro estómago, pero aumenta la probabilidad de poder encontrar la manera de satisfacer tales necesidades».
Nathaniel Branden

Una de las cuestiones fundamentales en todo proceso de cambio y adherencia a nuevos hábitos es la de la motivación, ya que resulta imprescindible en dicho proceso y en el de cualquier aprendizaje y esta no podría ser tenida, debidamente, en cuenta sin el papel fundamental que tiene en todo ello la autoestima.

Nos resulta prácticamente imposible hablar de la autoestima sin hacer referencia al doctor en psicología Nathaniel Branden, autor de numerosos ensayos, obras y artículos de investigación dedicados a la autoestima y su papel vital en la salud mental y la consecución del éxito y la felicidad. Es por ello que vamos a dedicar algunas líneas a hacer mención de su visión, la cual consideramos imprescindible en este punto y que se refleja fielmente en *Los seis pilares de la autoestima*, obra que, por supuesto, recomendamos a los amantes de la psicología positiva, el crecimiento y desarrollo personal.

Branden se refiere a la autoestima como «*el sistema inmunitario de la consciencia*».

En este punto, la autoestima es considerada como una necesidad básica, al igual que ocurre con las necesidades psicológicas básicas que, por ejemplo, identifica el doctor Georges Pierret: amor, seguridad y libertad.

La autoestima es una necesidad inherente a nuestra condición humana y consideramos muy valiosa la visión del Dr. Branden en relación a lo importante que resulta esta necesidad cuando nos comprometemos con nuestro propio bienestar y deseamos disfrutar de una auténtica felicidad. **La autoestima es necesaria si queremos trabajar en comprender cómo funciona para cada uno de nosotros. Reconocer nuestra autoestima y el valor que tiene en nuestra vida, así como aprender a trabajar en ella, nutrirla y potenciarla conlleva aprender a conocernos a nosotros mismos, hacer un viaje interior (honesto y profundo) y mantenernos conectados, de forma consciente. Se basa en transitar nuestro mundo interior: nuestras emociones, sentimientos y deseos más auténticos.**

De algún modo, trabajar en nuestra autoestima supone aprender a reconocer nuestras principales necesidades, identificar aquello a lo que damos más valor e importancia y dedicar nuestros esfuerzos en vivir, diariamente, en congruencia y coherencia con ello. Trabajar en nuestra autoestima nos ayuda a entender cómo es la mejor manera de autocuidado.

Y es por lo que el propio Branden define la autoestima como *«la confianza en nuestra capacidad de pensar, en nuestra capacidad de enfrentarnos a los desafíos de la vida; nuestro derecho a triunfar y a ser felices; el sentimiento de ser respetables, de ser dignos, y de tener derecho a afirmar nuestras necesidades y carencias, a alcanzar nuestros principios morales y a gozar del fruto de nuestros esfuerzos».*

«Es una fuerza motivadora: inspira un tipo de comportamiento. A su vez influye directamente en nuestros actos. El nivel de nuestra autoestima influye en nuestra forma de actuar y nuestra forma de actuar influye en el nivel de nuestra autoestima».

«La esencia de la autoestima es confiar en la propia mente y en saber que somos merecedores de la felicidad».

En este punto, destacaría la importancia que tiene la coherencia y congruencia de nuestras acciones en relación a nuestros deseos. No se trata de que los demás nos vean, como comentábamos anteriormente, se trata de que nosotros nos estamos viendo a cada momento. Podemos aparentar de cara a los demás, pero no podemos autoengañarnos.

Esto no solo se pone en evidencia cuando, a escondidas, nos precipitamos sobre un alimento que sabemos que no cuida de nosotros, que nos aleja de nuestro propósito de alimentarnos de forma más saludable y lo devoramos, prácticamente, sin darnos cuenta. Sucede cuando, a lo largo del día, nos hablamos mal y de manera poco respetuosa o cuando hemos decidido dejar de estar presentes para inhibir alguna sensación incómoda. También se produce cuando, en pleno proceso de cambio, decidimos quedarnos a ver dos capítulos más de la serie que nos gusta eludiendo por completo el hecho de que al día siguiente no nos levantaremos con el tiempo necesario para desayunar de forma relajada. Una vez más, nos estaremos negando la oportunidad de estar más conscientes en la elección de nuestros alimentos y en la manera de ingerirlos.

La autoestima trata del valor que nos damos como seres vivos, como personas, y del autorrespeto que sentimos por nosotros y que nos profesamos con acciones de cuidado y consideración.

Es curioso cómo las personas, cuando experimentamos un bajo nivel de autoestima, tenemos más dificultad para reconocer nuestras propias necesidades y mostramos menos autocompasión con nuestros procesos llegando, incluso, a sabotearnos y perjudicar nuestra salud física y mental en determinadas circunstancias.

Sería valioso recordar que, al aprender a confiar en nosotros mismos, nuestra autoestima se ve reforzada y eso se manifesta en la calidad de nuestros pensamientos, en las tomas de decisiones, en la manera en que ejecutamos las acciones y, por consiguiente, en los resultados que obtenemos y en la realización, o no, de nuestros propósitos.

La autoestima es la valoración que hacemos de nosotros, en base a las experiencias que hemos ido adquiriendo a lo largo de la vida.

¿Qué ocurre cuando has tenido un mal día y llegas a casa con un estado de agitación y malestar sintiéndote culpable o poco valorado? Seguramente hayas buscado el modo de aliviar esas sensaciones, lo cual es algo bastante lógico. Pues bien, el método, el modo, la estrategia... que elijas para aliviar ese estado va a poner en evidencia cómo está tu autoestima. Si al entrar por la puerta te precipitas a la nevera y comes lo primero que te apetece, sin pararte a valorar si eso cuida del objetivo de cuidar de tu organismo, ¿cómo te sentirás después?

Es inevitable sentir emociones desagradables, de hecho, es algo positivo porque quiere decir que estamos vivos y sentimos, pero lo que sí depende totalmente de ti es cómo gestionas esas emociones, tus estados.

Nos gusta señalar que una emoción desagradable, en realidad, es una gran aliada si sabemos entender su función y su significado. Lo primero que debemos recordar es que las emociones no son ni buenas ni malas. Ya sabemos que últimamente parece estar de moda poner etiquetas a todo y hacer juicios absolutistas sobre lo que sucede en nuestras vidas. Esto se evidencia mucho en el uso del lenguaje, en cómo hablamos y en las palabras que empleamos. Algunos claros ejemplos: «siempre llego tarde», «nunca me pasa nada bueno», «odio levantarme temprano», etc.

El uso de los absolutos en nuestro lenguaje diario es un buen indicador de que, quizá, estemos teniendo una visión de la vida basada en juicios, lo cual limita mucho nuestra realidad y nuestras oportunidades. Y es que la severidad o excesiva indulgencia de cómo nos vemos a nosotros mismos tiene mucho que ver con nuestro nivel de autoestima.

¡¡¡ATENCIÓN A LOS «ABSOLUTOS» QUE UTILIZAS A DIARIO!!!

Ten cuidado en encasillarte en discursos poco amables como, por ejemplo:

- «Siempre/nunca llego tarde»
- «Nunca me sale nada bien»
- «Nadie me valora ni me escucha»
- «Todo el mundo me lleva siempre la contraria»
- «Siempre llevo la razón»
- «Siempre engordo»
- «Odio la verdura»

Estas son solo algunas de las afirmaciones que podemos escucharnos pensar a lo largo del día. Podríamos hacer un análisis exhaustivo de cada una de ellas y las circunstancias en las que surgen, pero lo que tienen en común es que nos limitan, nos dan una visión sesgada y condicionada. Simplemente, restan oportunidades al momento presente. Y están activando nuestro piloto automático de percepciones y estrategias para cada situación, sin considerar más opciones.

PAY ATTENTION! Paga atención y, sí, digo «paga», literalmente, aunque en español se traduzca esta expresión anglosajona por «prestar atención». A mi me gusta más considerar que «pagamos atención», ya que al «pagar atención» estamos reconociendo que damos algo a cambio de una cosa. Y es que cuando «pagamos atención» estamos dando energía y tiempo a una información, a unos datos, a unos conocimientos.

Llegados a este punto, te planteamos una cuestión: Ante una circunstancia concreta (X), ¿pagarías con tu tiempo y energía por aquello que te ofrece? Por ejemplo: la crítica destructiva de una persona hacia otra, el discurso excesivamente alarmista que ofrece una persona al dar una información, los mensajes de odio que solo generan sensaciones desagradables en tu cuerpo, la presencia de alguien que no muestra cuidado y respeto hacia tu persona, etc. «¿PAGARÍAS ATENCIÓN POR ELLO?»

La respuesta parece obvia, pero entonces... ¿por qué invertimos tiempo y energía en compararnos con otras personas, en sobreanalizar situaciones del pasado, en hablar de cuestiones que nos generan desasosiego y malestar, en dedicarnos calificativos que nos restan y alejan de nuestro bienestar? ¿Por qué dedicamos horas de nuestro tiempo a navegar por Internet, cuando sabemos que ese sería un tiempo valioso para dedicar a otras actividades como, por ejemplo, descansar?

Al principio hablamos del gran número de pensamientos diarios que podemos llegar a tener, y es importante recordar que consumir pensamientos en exceso puede ser tan contraproducente para la salud como darse un atracón de comida rápida. Lo mismo ocurre cuando «pagamos con atención» por cosas que no nos suman positivamente a nuestro bienestar físico o mental.

> Recuerda:
> «La mejor forma de conseguir un objetivo es queriéndolo y queriéndonos durante el proceso».

«TIPS» BÁSICOS PARA TRABAJAR LA AUTOESTIMA

1. **Reconoce lo que puedes cambiar y lo que no**. Identifica tus errores como oportunidades de crecimiento. Nada nuevo, pero parece que se nos olvida continuamente.
2. **Ayuda a los demás**, cada día, con pequeños gestos.
3. **Sonríe**. Tiene un efecto fisiológico en tu cuerpo. El cerebro

produce serotonina y endorfinas, dos hormonas que están directamente relacionadas con la sensación de bienestar. A su vez, la risa hace descender los niveles de cortisol y adrenalina. Y, ¿por qué no?, practica RISOTERAPIA.

4. **Camina erguido/a y siéntate del mismo modo.** Aparte de que tu espalda y cervicales te lo agradecerán, también existen estudios que respaldan esta idea, sobre la higiene postural, ya que tiene un efecto fisiológico en nuestro cuerpo.
5. **Permite que te dé la luz del sol.** No se trata de mantener una actitud irresponsable con respeto a los «baños de sol», pero permitir que tu cuerpo esté en contacto directo, al menos, cinco minutos con el «astro rey» tiene muchos beneficios.
6. **Respeta tus horas de sueño y de descanso.** Apaga el móvil o ponlo en «modo descanso». Puedes habilitar algún contacto en favoritos por si consideras necesario que alguien te contacte en una situación excepcional. A día de hoy, la configuración de nuestros dispositivos móviles tiene muchas prestaciones que facilitan el descanso y la desconexión.
7. Personalmente, recomendamos hacer una **rutina de estiramientos antes de ir a dormir**, con el fin de garantizar un sueño reparador. Durante el día, acumulamos mucha tensión en nuestro cuerpo y es fácil que, durante la noche, nuestros músculos se mantengan entumecidos y contracturados si no nos tomamos unos minutos para estirar la espalda, el cuello, los brazos, las manos, los dedos…

Un reconocimiento cuidadoso y delicado de nuestro cuerpo puede ayudarnos a detectar el inicio de alguna contractura o la rigidez excesiva de alguna parte de nuestro organismo. De hecho, la inflamación suele preceder a la enfermedad. Con esto no queremos decir que siempre que haya una zona inflamada, nos vamos a enfermar o a tener una dolencia, pero sí resulta interesante dedicarse unos minutos a reconocer nuestro cuerpo antes de acostarnos. .

Si esos estiramientos los acompañamos de una **respiración profunda, diafragmática**, ¡mejor que mejor! Nuestro cuerpo «nos habla» y tratarlo con amor y compasión (sin queja ni juicio) en ese reconocimiento nocturno, seguramente nos facilite un descanso más reparador.

8. ¿Cuánto tiempo dedicas a las redes sociales? **Límite en las aplicaciones**.
9. ¡Por favor! **No consumas información basura**. Es sencillo, cuando algo nos causa una emoción desagradable, pregúntate: ¿es necesario seguir con esta actividad?, toma consciencia, sopesa pros y contras y toma una decisión y cúmplete. Por «cumplirte» nos referimos a que seas consecuente con la decisión que has tomado. Aunque nadie más te vea, tú siempre te estas viendo. Y, recuerda, que no hay juez más exigente que el *que nos juzga desde nuestra mente*.
10. **Celebra tus éxitos**.
11. **No te compares**. Como decía el gran José Ortega y Gasset: «Yo soy yo y mi circunstancia».

> ¡Recuerda!
> El autocuidado es una de las mejores formas de trabajar tu autoestima.

Cuando te cuidas, tú mismo/a te estás dando el mensaje de que eres importante. Como puedes comprobar, no se trata de grandes acciones, sino de pequeños gestos continuados los que pueden desembocar en una fantástica filosofía de vida.

TU HISTÓRICO DE ÉXITOS

Es una práctica sencilla, intuitiva y muy eficaz para recibir un impulso maravilloso de optimismo.

Tómate un tiempo y espacio aparte, en un lugar tranquilo, a solas.

Toma papel y boli o abre una nueva página del documento Word en tu portátil o una nueva página del bloc de notas de tu teléfono; da igual dónde escribas y cómo lo hagas. Se trata de que tomes un tiempo para ti y reflexiones sobre los acontecimientos de tu vida en los que te sentiste especialmente orgulloso/a.

Recuerda momentos de tu pasado que se produjeron gracias a ti, a tu forma de gestionar una situación u oportunidad. Pueden ser momentos difíciles que, al recordar, te hagan reconectar con una emoción de orgullo y satisfacción personal.

Una vez que has identificado varios de esos recuerdos escríbelos y, una vez escritos, detalla de forma minuciosa cómo te sentiste ante el resultado.

A continuación, al lado de cada uno de esos recuerdos escribe las cualidades que pusiste en práctica y que hicieron posible el exitoso desenlace.

> **Nota:** puedes escribir todos los que te vengan a la mente y te animo a que lo hagas.

El histórico de éxitos debe consistir, al menos, en 5 ÉXITOS y lo más importante es que detalles las cualidades que supiste poner en práctica. Te recomendamos que tomes una postura cómoda, preferiblemente con la espalda recta. Además, mientras haces este ejercicio, haz respiraciones diafragmáticas, profundas.

¡¡RESPIRA!!

Te explicamos de forma simple y rápida cómo hacerlas:

Si todavía no estás muy familiarizado o familiarizada con este tipo de respiración profunda, te recomendamos que, al principio, cierres los ojos.

Concéntrate en tu respiración, observa mentalmente tu cuerpo, pon atención en tu vientre.

Toma aire por la nariz, inhala lentamente llenando el diafragma de aire, completamente, comprobarás que tu vientre aumenta de tamaño según tomas aire, hazlo despacio.

Antes de expulsar el aire cuenta, mentalmente, hasta cinco y empieza a exhalar por la boca, de nuevo lentamente...

Puedes ayudarte contando hasta seis mientras terminas de expulsar el aire.

Al principio, es interesante que sigas las indicaciones, sobre todo las cinco primeras veces. Después, continúa a tu ritmo intentando seguir con la respiración profunda mientras realizas el ejercicio.

Una vez que has concluido el «Histórico de Éxitos», cierra los ojos, y visualízate en todas esas situaciones de éxito previas a este momento. Siente lo que

sentías, sonríe, mientras continúas con las respiraciones diafragmáticas.
¡Recuerda lo logrado!

Si ya te has embriagado de esas sensaciones de éxito ¡tan maravillosas!, visualízate, de nuevo, pero esta vez logrando el éxito en aquello que más anhelas en este momento. Crea la imagen en tu mente con cada mínimo detalle, visualiza cada gesto de tu rostro, siente cada sensación, identifica cada aroma y experimenta en tu cuerpo cada vibración, dentro de ti. Lentamente, los tiempos son importantes.

Una vez te hayas contagiado de todas las sensaciones, sonríe de nuevo y abre los ojos y recuerda que si PUEDES VISUALIZARLO, PUEDES LOGRARLO.

¿Estás de acuerdo?

PRIMEROS PASOS
«Step by Step»

«Cuando la situación es buena, disfrútala. Cuando la situación es mala, transfórmala. Cuando la situación no puede ser transformada, transfórmate».

Viktor Frankl

A través de un aprendizaje activo, en el día a día, puedes valorar qué dificultades encuentras a la hora de seguir un plan nutricional adecuado para ti.

> Recuerda: **el programa nutricional también implica aplicar «la pausa», ir despacio y supone que te observes más a ti mismo/a en el proceso.**

Y es que, de algún modo, ir despacio nos exige empezar a valorar, de una forma objetiva, las cantidades, los tipos de alimentos que ingerimos, las horas en las que comemos o la frecuencia con la que sentimos hambre, a lo largo del día, o el tiempo de sensaciones y emociones que asociamos a cada tipo de alimento.

El hecho de ir incorporando unas pautas nutricionales concretas, no restrictivas, pero sí adecuadas a nuestros intereses, hace que podamos ir identificando las dificultades asociadas a un cambio de hábitos y a un cambio de alimentación, de un modo más realista e interesante. Y al poder reconocer nuestras resistencias es más sencillo que podamos trabajar en ellas.

Podríamos elaborar solo un único y extenso libro con las recomendaciones y pautas más recomendadas para, en la práctica, llevar a cabo unos hábitos de alimentación consciente. De hecho, existen algunas publicaciones interesantes sobre ello. Pero, en este caso, he querido recoger en un breve resumen y, a lo largo de toda esta publicación, ejercicios y tips interesantes que sirvan para, simplemente, empezar a adquirir una actitud abierta a la experimentación y el reconocimiento que nos acerque a la práctica de una «Microbiota Consciente».

Como se ha recalcado a lo largo de esta lectura, cada persona es única y cada organismo es, literalmente, un mundo único y fascinante, por lo que la asistencia adecuada por parte de profesionales debidamente formados es imprescindible para llegar a ese objetivo de forma real.

La microbiota consciente es un concepto que engloba conocimientos y una actitud abierta, atenta y proactiva e implica una práctica constante. Por ello, el seguimiento inicial por parte de profesionales es lo más recomendable al inicio para que el objetivo final se cumpla: ser autosuficientes y aprender a comer y gestionar, adecuadamente, nuestro autocuidado.

Además, no ignoremos el gran poder que tiene nuestro instinto y nuestra intuición a la hora de tomar elecciones. Para ello es imprescindible la atención en favor de nuestro propio autoconocimiento físico y emocional. Ahora bien, si no estás conectado con estos aspectos es cuando, aún más, debemos tener en cuenta la intervención de profesionales para que nos faciliten esta nueva andadura tan necesaria como gratificante. Tengamos en cuenta que el equilibro es necesario y el bienestar es tan solo el resultado de la suma de diferentes factores que conforman nuestra salud física y emocional.

Aprende a reconocer los alimentos como si fuera la primera vez que los vieras, que los consumieras, que los saborearas, que los fueras a digerir.

Puede ser que cuando eras un niño o una niña sintieras que ciertos alimentos no eran de tu agrado, pero debes comprender que la percepción del sabor cambia según vamos creciendo. La apetencia por el dulce, en la infancia, tiene su razón de ser y aunque no es el objeto de esta publicación sí es importante que sepamos que podemos reeducar nuestro paladar y nuestra manera de concebir la alimentación.

Nuevos sabores se despiertan en nosotros según cambian nuestras circunstancias de vida. Date la oportunidad de volver a tener esas primeras experiencias. Los sabores, los aromas, las texturas, las sensaciones... ¡Obsérvate, disfrútalo!

Pregúntate: ¿a qué sabe? ¿A qué huele? ¿En que punto de elaboración está? (¿poco hecho?, quizá).

Sea como sea, date el permiso de vivir la experiencia.

Cuando vayas a disponerte a comer recuerda el «PARA QUÉ» vas a comer, cuál es el objetivo real de ingerir los alimentos. La respuesta es clara: nutrir nuestro organismo, ese maravilloso cuerpo que nos permite llevar a cabo todas las actividades de nuestro día a día.

«BOCADO A BOCADO»

Un diario de emociones en relación a la comida es algo bastante interesante de aplicar al principio de un proceso de cambio de hábitos de alimentación. En realidad, se trata de algo muy sencillo y muy práctico. Como siempre decimos, el *cómo* sale solo, lo importante es tener claro el objetivo.

Un diario de comidas y emociones consiste en escribir cómo nos sentimos después de comer, aunque también podemos incluir nuestra experiencia

en momentos previos. Es una escritura espontánea donde se le da todo el protagonismo a nuestra relación con la comida. En realidad, se basa en una autobservación rigurosa que nos permite descubrir las emociones y sensaciones que tenemos asociadas a los alimentos y al acto de comer en sí mismo.

La pregunta imprescindible, sin duda, es «**¿realmente tengo hambre?**». **Respira profundamente y date un par de minutos para identificar las señales de tu cuerpo.**

Seguramente lo habrás escuchado más de una vez, pero es muy fácil confundir la sed con la sensación de hambre. El deseo físico de beber agua está regulado por la sed, a través de unos receptores alojados en el hipotálamo que activan el mecanismo de la sed, una vez que reconocen un descenso del agua celular.

Y, de hecho, según vamos cumpliendo más años aumentan las probabilidades de que este mecanismo deje de funcionar óptimamente. Esto sucede con más frecuencia entre personas de la tercera edad o a causa del consumo de ciertos fármacos o medicamentos como son los inhibidores de la angiotensina.

Además, ten en cuenta que **nuestro cerebro también necesita hidratación para funcionar adecuadamente**. Los síntomas de cansancio, mareo y malestar, entre los más leves, son comunes si no hemos bebido la suficiente cantidad de agua a lo largo del día. Por lo tanto, un «tip» interesante podría ser beber agua minutos previos a las comidas para evitar confundir la sed con el hambre.

«CONVIERTE EN ACCIONES TUS INTENCIONES»

Si quieres modificar un hábito, primero tendremos que identificarlo de forma clara y objetiva. **Puede ser muy efectivo llevar un diario de progresos o intenciones. Un diario donde, durante 21 días, escribiremos sobre la evolución de nuestro proceso.** Recomiendo dedicar unos minutos, a primera hora de la mañana y a la última hora de la noche, para poder conectar con nuestra intención, visualizarla y tomar consciencia de cómo nos sentimos con el plan que estamos llevando a cabo. Es una buena manera de prestar atención a nuestro estado emocional en relación al proceso, y adelantarnos a posibles conductas de autosabotaje.

Por otro lado, mantener la intención concentrada es mucho más fácil si, nada más despertarnos, antes de acostarnos y a lo largo del día, tenemos contacto con algún tipo de recordatorio físico que nos haga conectar con nuestra intención y tenerla presente el máximo tiempo posible. Una foto inspiradora en la puerta de la nevera, un post-it en el escritorio donde trabajas con una pregunta poderosa, un collage en tu mesilla, o una imagen motivadora como fondo de pantalla del móvil, pueden ser interesantes aliados.

Podemos descubrir que, durante el día, es fácil mantener el programa nutricional, pero que al llegar la tarde-noche se te hace prácticamente imposible seguir con el plan indicado… Puedes pararte a preguntarte ¿qué es lo que sucede a esas horas de la tarde?, ¿qué siento?, ¿qué detona esa emoción?, etc.

Si es una cuestión física siempre puedes preguntar a tu especialista en nutrición y, juntos, valorar si se puede incluir más cantidad de alimentos a las horas previas o considerar de qué modo puedes llegar a esa hora sintiéndote más saciado. Por otro lado, si la cuestión no tiene nada que ver con un aspecto nutricional, tratarlo en una sesión de coaching puede marcar una gran diferencia. Tengamos en cuenta que la incidencia de la luz del sol tiene su efecto en «la química de nuestro cuerpo», entre otras cosas, pero esto no tiene que ser una excusa o justificación para aceptar un estado de malestar continuado.

Es común que, tras una jornada larga de trabajo con una buena dosis de estrés, muchas personas lleguen a casa, a última hora de su jornada, con el deseo de «desconectarse» de todos esos pensamientos estresantes, preocupaciones y emociones, no muy agradables, derivados de la propia jornada.

Y es que tenemos peligrosamente arraigada la idea de que «comiendo se nos pasa todo», «comiendo algo rico puedo premiarme por el día tan pesado que he vivido». Y la hora de la comida, de la merienda y/o de la cena puede resultar una justificación más que válida para decirnos a nosotros mismos «ahora toca comer y no voy a pensar en nada».

Estas actitudes y estos vínculos que creamos con nuestra manera de alimentarnos generan neuroasociaciones y se acaban quedando fuertemente arraigados en nuestra mente, tanto como el «piloto automático» que hemos creado para conducir, montar en bici o elegir la mejor ruta para llegar al trabajo.

Es por ello que resulta vital reconocer estos mecanismos automatizados, para poder sustituirlos por otros que sí nos ayuden en la consecución de nuestra meta actual. Por lo tanto, si observamos atentamente qué sucede en cada parte del proceso y cómo nos sentimos, física y emocionalmente, con la integración del plan nutricional… podremos adquirir mucha claridad a la hora de reconocer las estrategias automatizadas que ya no nos sirven y, a partir de este punto, decidirnos a trabajar en ella de la forma más conveniente.

Desechemos las exigencias, el control y la culpa, puesto que no sirven de nada en un proceso de cambio y mejora. **Necesitamos motivación y confianza en nosotros mismos.** Y es que motivación no es sinónimo de rapidez ni de inmediatez, es sinónimo de inspirar, de producir, de entusiasmar, de algo mucho más parecido al compromiso que hay en aprender a gestionar, regular y accionar todo lo que sea necesario para llegar a una meta. Y el control ofrece una rigidez que impide tener perspectiva, cambiar creencias y paradigmas; supone una disciplina mal entendida, no como sinónimo de esfuerzo y constancia, sino como dureza e intolerancia al error.

> ¿Te has preguntado qué es para ti la motivación, la confianza, la atención y el cambio, ¿y el éxito y el fracaso?, ¿a qué emociones asocias estos términos?, ¿a qué situaciones y experiencias vinculas estas palabras?

Cada uno de nosotros tenemos una idea de éxito y no se trata de que haya una más correcta que otra, sino que la que tengas tú realmente te inspire y te haga sentir capaz y merecedor de experimentarla.

«Somos la suma de nuestras experiencias», y esto es algo que muchas mentes y consciencias han concluido a lo largo de la historia, pero parece que estamos perdiendo la costumbre de observar las palabras y sentir su significado. Al plantear preguntas que invitan a la observación de nuestras rutinas, creencias, reacciones y pensamientos, nos damos cuenta de que acumulamos tanta información que hemos dejado de experimentar la magia de los inicios, de los descubrimientos, de la duda, de la expectación y la curiosidad.

La misma hambre puede muchas veces confundirse con miedo, con anhelos, con nerviosismo, con dolor... ¿te ha pasado?

Vivimos tan precipitadamente, ¡tan acelerados! Que parece que ya no queramos revisar estos pequeños, grandes, indicadores de nuestra forma de vivir. Inmersos en demandas, exigencias propias y ajenas, temores y anhelos, hemos olvidado que tenemos la capacidad de resignificar los momentos y darles un sentido valioso haciendo uso de la experiencia que nos va aportando la vida. En cambio, confundimos la sabiduría con almacenar información que, al no ser ni asimilada, nuestro cerebro acaba eliminando para no ocupar ni espacio ni energía innecesarios...

Confundimos vivir con «ir corriendo» y estar desconectados de toda sensación interna que nos genere la mínima inquietud, como si «estar siempre bien» fuera sinónimo de felicidad o de éxito y, en cambio, aceptar los procesos de la vida con atención plena y conectados a las emociones que nos genera, fuera algo «de tercera» que «ya se hará después, ya si eso...». Y aquí viene la mayor de las problemáticas, cuando ya no comemos ante la necesidad de nutrir nuestro organismo, porque ni siquiera tenemos muy claro ya qué es eso, y así obtener energía de calidad para dedicar a nuestras actividades... ¡no!

Ahora, más que nunca, parece que se come más por inhibir emociones, evitar pensamientos molestos, dejar de sentirnos vacíos, matar el aburrimiento, tener una excusa para «dejar de hacer» durante unos minutos, etc... Además, cada vez celebramos menos con la familia y amigos en torno a una mesa y si lo hacemos ¿conoces a alguien que se siente sin su móvil a comer? Cada vez parece que disfrutamos menos del mero hecho de comer y degustar texturas y sabores, apreciar olores y deleitarnos con la atractiva imagen de un plato bien elaborado.

Hay estudios que demuestran que cada día se dedica menos tiempo a comer, llegando a dedicar no más de 15 minutos, en muchos casos. Y mejor no hablar de dónde nos parece «normal» comer en pleno s. XXI en un país del «primer mundo». ¿Quién no ha comido en un escritorio frente a un ordenador?, ¿de mala manera en alguna sala de espera o cafetería abarrotada? E, incluso, ¿caminando por la calle de camino a algún lugar? La gestión del tiempo en las comidas es una de las cuestiones más significativas. El mensaje que te estás enviando a ti mismo y a tu propio cuerpo es: «tu nutrición, tu cuidado y tu funcionamiento vital son más bien secundarios o terciarios».

¿Dónde está el amor propio si no somos capaces de dedicarnos un tiempo de calidad suficiente para sentarnos tranquila y cómodamente, valorar los alimentos que vamos a ingerir, reconocer su olor y el estado visual que muestra la comida? Y ya no hablemos de masticar correctamente los alimentos... Si tu cuerpo tarda 20 minutos en mandar las señales de saciedad a tu cerebro y comes en diez, ¿cómo sabrás cuál es tu estado de saciedad real? Todo es muy básico, pero la obesidad sigue creciendo y los problemas de salud por una mala nutrición siguen aumentando en los países desarrollados, como veremos a continuación.

MOTIVACIÓN

RECUERDA:
«Tú eres tú y tienes tu propio ritmo».

Según la OMS, la Organización Mundial de la Salud, la **obesidad** y el **sobrepeso** se definen como una acumulación anormal o excesiva de grasa que puede ser perjudicial para la salud. Un índice de masa corporal (IMC) superior a 25 se considera sobrepeso, y superior a 30, obesidad. Pero no solo la obesidad es un grave problema y se ha convertido en causa de preocupación para la salud física y el bienestar de muchas personas el mundo.

Desde 1975, la obesidad casi se ha triplicado en todo el mundo. La incidencia estandarizada por edad de la obesidad entre adultos mayores de 18 años (definida como un índice de masa corporal (IMC) >30) ha aumentado a nivel mundial durante las últimas décadas con 650 millones de adultos en 2016. En los hombres, alcanzó el 11,1 % en 2016, lo que supone un aumento del 66 % desde el 6,7 % en 2000. La prevalencia de obesidad en las mujeres fue del 15,1 % en 2016, un aumento del 70 % desde el 10,6 % en 2000.

Esta patología también aumentó en todos los grupos de ingresos del Banco Mundial, alcanzando los niveles más altos en los países de ingresos altos (24,7 % en mujeres y 24,5 % en hombres), donde las diferencias de género fueron las más pequeñas (relación hombre-mujer de 0,99). Esto contrasta con los niveles más bajos en los países de ingreso bajo (9,9 % en mujeres y 3,6 % en hombres) donde las diferencias de género fueron más grandes (relación hombre-mujer de 0,36).

En el año 2016, España tenía una incidencia de obesidad entre niños y adolescentes de entre 5 y 19 años del 10.8 %, mientras que la prevalencia en la edad adulta (+18) fue del 23.8 %.

En Estados Unidos, por ejemplo, se alcanzó una prevalencia de obesidad de hasta el 36.2 %.

¿QUÉ SUCEDE CON LA OBESIDAD EN TIEMPOS DEL COVID-19?

Según un estudio realizado por la Sociedad Española de Obesidad, un 44 % de los españoles aumentó de peso durante el confinamiento. La mayor parte de los que han documentado una elevación del peso (un 73 %) han engordado entre 1 y 3 kg. Se reconoce mayoritariamente un especial incremento en el consumo de bebidas alcohólicas (un 45 % en la población general y un 55 % de los obesos) y de productos de bollería (un 46,7 % en la población general y un 55,8 % en los obesos). **Más de un 40 % de los encuestados declara haber tenido más sensación de hambre durante el confinamiento, siendo la ansiedad, seguida del aburrimiento, el principal motivo de este incremento de apetito.**

¿QUÉ ESTÁ PASANDO?

Los hábitos alimentarios están fuertemente condicionados por factores sociales y culturales, nuestro modelo de vida que prioriza «el comer rápido y rico» a nutrir nuestro cuerpo de forma consciente y adecuada, dando protagonismo a los alimentos naturales y restringiendo todo lo posible los productos ultraprocesados.

Sería interesante revisar el modelo de educación actual en relación al autocuidado y la filosofía del esfuerzo. En los últimos tiempos, hay una peligrosa aversión, bastante extendida, a sentir incomodidad en los procesos de aprendizaje que suponen esfuerzo y constancia. Además, parece que todo lo que se aleje de la satisfacción inmediata y del placer, está considerado como algo negativo. Es labor de todos concienciar desde la infancia a nuestros menores en relación a estas cuestiones básicas. Y, como ya sabemos, la mejor manera siempre será desde el propio ejemplo.

Dado que la mala nutrición, la obesidad y el sobrepeso son fenómenos recurrentes, es necesario que el objetivo de alimentarnos bien no se centre en el cumplimiento de una dieta, para luego volver al modelo anterior de alimentación. Recordemos que el peso no es otra cosa que un mero indicador más a tener en cuenta, pero no es el más importante.

Además, hay que tener presente que para garantizar una adherencia se deben tener en cuenta los factores psicológicos de un proceso de cambio de hábitos. Este es el motivo por el que la educación nutricional y el apoyo conductual de un especialista son determinantes en la adherencia de estos nuevos hábitos de alimentación y vida saludables.

Además, los anteriores intentos fallidos y el histórico de fracasos con el que una persona cuenta, en relación a este tema, deben ser tenidos en consideración a la hora de crear un programa de aprendizaje nutricional de carácter individual.

Muchas personas intentan compensar las ingestas excesivas de alimento con sesiones maratonianas de actividad física o acabar convirtiendo la comida como un recurso para calmar la ansiedad. Por ello, es muy importante que la persona entienda que pedir ayuda a un profesional no es signo de debilidad o incapacidad, al contrario, aprender a alimentarnos, en las diferentes etapas de nuestra vida, y gestionar ciertas conductas en relación a la comida, requiere conocimientos adecuados y, para ello, hay profesionales debidamente formados que pueden facilitarnos el camino. Evitaremos, de este modo, acabar padeciendo un problema mayor, como una enfermedad cardiovascular o problemas digestivos o, incluso, acabar desarrollando un TCA (Trastorno de Conducta Alimentaria), lo cual implicaría otro tipo de intervenciones de índole clínico. Personalmente, somos de la opinión de que **«es mejor prevenir que curar»**.

Como ya hemos visto, el coaching nutricional está orientado a ayudar a conseguir objetivos relacionados con la alimentación y los hábitos de vida saludable, los cuales se retroalimentan de una adecuada nutrición. Además, se abarca un ámbito más amplio en relación a una óptima regulación emocional, facilitando, de este modo, afianzar unas bases sólidas **desde donde abordar la relación que las personas tienen con la comida y la forma de alimentarse.**

Recordemos que en una sesión de coaching nos centraremos, principalmente, en las soluciones, dejando en un lugar secundario los problemas. La motivación tiene un papel protagonista, ya que su uso debe ser efectivo. Para ello, la eliminación de creencias limitantes y actitudes saboteadoras toman especial relevancia en el proceso, como hemos visto hasta ahora. También, es importante acompañar y ayudar en el diseño y ejecución del plan de acción necesario para llevar a cabo el objetivo deseado. La metodología que se practica es de carácter proactivo, dando (como hemos mencionado con anterioridad) protagonismo a la persona que desea ver manifestado un cambio de mejora.

Recordemos, a su vez, que en proceso de aprendizaje para desarrollar una «Microbiota Consciente», en el área reservada al coaching, el foco no reside en la comida en sí misma ni en los aspectos nutricionales de la misma. En cambio, dedicaremos mayor atención a los aspectos emocionales y conductuales asociados a la toma de decisiones en relación a la alimentación y a los hábitos saludables derivados de ella.

> «La motivación es la probabilidad de que una persona entrará, continuará y se comprometerá con una estrategia específica de cambio».
> **Miller y Rollnick, 1991**

Una vez que hemos hablado del saboteador interno y hemos entendido la importancia que tiene entender la causa original que nos mueve en nuestro proceso, es importante que hablemos de la motivación.

Una de las herramientas que mejor funcionan para identificar los puntos fuertes de nuestro objetivo, así como la utilidad que va a tener para nosotros en particular, es la aplicación del método DAFO (D de debilidades, A de amenazas, F de fortalezas y O de oportunidades). Se trata de una herramienta muy utilizada en el ámbito empresarial, pero a nivel personal también funciona para ayudarnos a obtener claridad antes de iniciar cualquier emprendimiento personal, ya sea para valorar el objetivo, el plan de acción o a nosotros mismos. Resulta interesante a la hora de identificar las fortalezas con las que contamos y qué aspectos deberemos trabajar más en nuestro camino hacia un estado de bienestar auténtico.

Bien, podemos decir que la motivación es el impulso que provoca en nosotros una acción. **Ahora bien, ¿de dónde procede el concepto de la motivación?**

En la década de los 70 y los 80 del siglo XX surgió «la teoría de la autodeterminación». Los principios básicos de la teoría tienen su origen en los estudios de los investigadores Edward L. Deci y Richard M. Ryan. La primera premisa que sostienen es que las personas son «actividades dirigidas hacia el crecimiento». Apoyan la idea de que las personas actuamos motivadas por la necesidad de evolucionar y sentir satisfacción.

Según esta teoría podemos decir que existe una motivación intrínseca y una motivación extrínseca.

La primera hace referencia a la que procede de nuestro interior. Se trata de una motivación voluntaria. Y la experimentamos cuando sentimos orgullo, interés. Tenemos una creencia sobre algo, sentimos una necesidad interna, etc. Por ejemplo, cuando deseamos mejorar nuestro aspecto, nos gusta practicar alguna actividad física, sentimos satisfacción personal al cuidar de nuestra alimentación, etc.

La segunda es la que tiene su origen en causas externas a nosotros. Se genera cuando obtenemos una recompensa concreta, sentimos un reconocimiento, obtenemos apoyo externo, etc. Por ejemplo, una motivación extrínseca sería cumplir con el programa nutricional para que, cuando lleguemos a la consulta, el nutricionista nos reconozca el esfuerzo de haber llegado al objetivo o poder lucir la imagen deseada en un evento social importante.

Inicialmente, se pensó que cada una de estas motivaciones eran independientes la una de la otra, pero estudios más recientes defienden que **ambas motivaciones se combinan, se interrelacionan**. Siguiendo el ejemplo anterior, podemos decir que, además de sentir un impulso al deseo de alcanzar los objetivos físicos que nos permiten obtener el reconocimiento externo, se le puede sumar el de sentirnos orgullosos por haber dado el paso de estar aprendiendo a nutrirnos óptimamente.

Estos dos tipos de motivaciones pueden estar influidos por la motivación positiva y por la motivación negativa. La primera, la positiva, es la que pone nuestro foco en la obtención de un resultado positivo, como entender que nos vamos a sentir bien después de hacer ejercicio, por ejemplo, y refuerza la repetición del comportamiento que la ha generado. En el caso de la segunda, la negativa, hablamos de todo lo contrario. La motivación negativa procede del deseo de evitar una consecuencia negativa o desagradable y tiende a producir el rechazo a la conducta que lo provoca.

La teoría de la autodeterminación es bastante más extensa en su desarrollo y bases, pero para la cuestión que nos ocupa, esta breve aclaración nos facilita la comprensión en este punto.

Obtenemos el verdadero éxito cuando el hábito perdura, cuando podemos mantener el cambio a lo largo del tiempo.

Si no se producen cambios emocionales, cognitivos y/o conductuales en el transcurso del programa nutricional, existen muchas probabilidades de que acabe volviéndose al punto de partida original o se experimente un efecto rebote. **Es por ello que el 95 % de las dietas de pérdida de peso acaban fracasando.**

Cuando conseguimos integrar un hábito, de modo que sintamos que lo hemos automatizado en nuestro día a día, la incomodidad inicial habrá desaparecido y el propio hecho de poner en práctica lo aprendido reforzará positivamente el nuevo hábito generado. Si, durante las comidas, hemos sustituido el postre azucarado que tanto nos gustaba antes por otro postre más adecuado a nuestras necesidades reales, llegará un momento en el que no echemos de menos el postre que tomábamos inicialmente.

Según el psicólogo William James, el cerebro necesita que el nuevo hábito se repita 21 días consecutivos para poder integrarlo. Es decir, necesitamos un mínimo de tres semanas repitiendo, de forma sistemática, el mismo hábito para que nuestro cerebro lo integre.

EMOCIONES Y ALIMENTACIÓN

EMOCIÓN: Ciertamente, «casi todo el mundo piensa que sabe lo qué es una emoción, hasta que intenta definirla. En ese momento prácticamente nadie afirma poder entenderla».
Wenger, Jones y Jones, 1962

La palabra emoción proviene del latín *emotio, emotionis*. Tiene su origen etimológico del verbo latino «exmovere», el cual significa mover, impresionar, trasladar. El prefijo e-/ex (de, desde) que se refiere a retirar, hacer mover. De hecho, se podría decir que en cada emoción hay implícita una tendencia a la acción.

El estudio de las emociones supone uno de los campos de la psicología que todavía genera grandes interrogantes y que ha sido, y sigue siendo, motivo de estudio para psicólogos, científicos y grandes pensadores a lo largo de la historia.

Por ejemplo Darwin, quien en 1872 publicó *La expresión de las emociones en los animales y en el hombre* tratando lo que hoy se conoce como «biopsicología de la emoción», o el psicólogo Carl Lange y el filósofo William James, que dieron lugar a la «teoría de James-Lange» que trata el origen, la naturaleza y la transmisión de las emociones. Ambos autores presentaron la teoría de forma independiente, pero al mismo tiempo, a finales del siglo XIX, esta teoría postulaba que la percepción de los cambios corporales produce la emoción; por ejemplo: estoy triste por el hecho de llorar. Esta teoría sería revisada y mejorada gracias a nuevas líneas de investigación. A principios de 1990, Walter Bradford Cannon (1871-1945), filósofo y científico, junto a Philip Bard (1898-1977), fisiólogo, formularon la teoría de Cannon-Bard. Partiendo de un enfoque psicofisiológico, la teoría de Cannon-Bard expone una explicación científica de la emoción. Según los autores, la emoción precede a las conductas y prepara al organismo para llevar a cabo una respuesta de lucha o huida frente a situaciones de emergencia. Al contrario que la teoría anterior, esta defiende que «las personas lloramos porque nos sentimos tristes», lo que quiere decir es que las emociones se producen antes que las respuestas fisiológicas. Tras la emoción se genera una reacción ante situaciones de emergencia, por ejemplo. Ambos autores plantean que las personas se inclinarán siempre a encontrar el equilibrio y a adecuarse a las circunstancias del medio externo. Además, dieron una gran importancia al papel que desempeña el cerebro en la producción de respuestas y sentimientos fisiológicos. En esta teoría se defiende la existencia de áreas específicas en el sistema nervioso central que son responsables de la experiencia emocional, lo que dio origen al inicio de la investigación neurológica en el estudio de las emociones.

Importantes investigaciones se siguieron sucediendo desde entonces, como las del neurobiólogo Christofredo Jakob (1866-1956), propulsor del «cerebro visceral» o «circuito de Papez» y el neurocientífico y físico norteamericano Paul D. MacLean, con su teoría evolutiva del «cerebro triúnico», formado por el reptiliano, el sistema límbico y la neocorteza. En 1970, distingue tres cerebros:

- **El cerebro reptil o primitivo:** ubicado en la zona trasera más baja del cráneo y es el responsable de regular las respuestas instintivas y las emociones primarias del cuerpo. Se le atribuye el pensamiento y comportamiento instintivo necesario para sobrevivir (hambre, deseo sexual, el instinto de huir, etc.).
- **El cerebro límbico o mamífero:** donde se encuentra la amígdala. Aquí tiene lugar el aprendizaje, la memoria y la gestión emocional. Supone la parte del cerebro más interesante a la hora de mejorar nuestra calidad de vida, sustituir hábitos nocivos por buenos hábitos y tener experiencias de evolución y crecimiento personal.
- **El cerebro neocorteza o neocórtex:** gracias a este podemos visualizar, planificar, analizar, pensar, etc. Aquí desarrollamos nuestra facultad de razonamiento y está asociado a la capacidad de crear conciencia. Evolucionó por el ejercicio del lenguaje.

Esta zona cerebral facilita las funciones mentales superiores y las ejecutivas.

Merece una especial mención, en base al tema que nos ocupa en este punto, la teoría del psicólogo Paul Ekman, nacido en 1934, quien propone las 7 emociones básicas, comunes a todos los seres humanos; el miedo, la ira, la tristeza, el asco, el desprecio, la sorpresa y la alegría. Gracias a sus estudios, pudo demostrar que estas emociones son universales. Merced a su colaboración en la película de Pixar «Inside Out» («Del revés») del año 2015 se popularizó mucho su teoría en relación a la gestión emocional, y por esto, sumado a sus numerosas investigaciones y sus otros tantos libros publicados, entre otras importantes colaboraciones profesionales, es considerado como uno de los psicólogos más influyentes del siglo XXI. Sus estudios pioneros en relación a las emociones humanas y su vínculo con las expresiones faciales merecen una especial atención y un estudio exhaustivo.

En 1995, Daniel Goleman publica *Inteligencia Emocional*. Aunque este término ya se había empleado en el año 1985 por Wayne Payne (*Un estudio de las emociones: el desarrollo de la inteligencia emocional*, y Howard Gardner se había referido a él de forma indirecta en *Inteligencias múltiples: la teoría a la práctica*.

«El término inteligencia emocional se refiere a la capacidad de reconocer nuestros sentimientos y los de los demás, de motivarnos y de manejar las relaciones que sostenemos con los demás y con nosotros mismos».

«La capacidad de motivarnos, de preservar en el empeño a pesar de las posibles frustraciones, de controlar impulsos, de diferir las gratificaciones, de regular nuestros estados de ánimo, de evitar que la angustia interfiera con nuestras facultades racionales y, por último, la capacidad de empatizar y confiar en los demás».

Para todo ello, Goleman expone cinco «habilidades prácticas de la inteligencia emocional»:

1. Conciencia de uno/a mismo/a
2. Autorregulación
3. Motivación
4. Empatía
5. Habilidades sociales

Además, Goleman explica una «aptitud emocional» como «una capacidad aprendida basada en la inteligencia emocional que genera un desempeño laboral sobresaliente».

«El psicólogo estadounidense expuso en su ensayo premisas importantes acerca del papel que tiene el tronco encefálico a la hora de regular las funciones vitales básicas, como son el metabolismo o la respiración, y cómo esto es común a todas las especies que poseen un sistema nervioso. Además, Goleman habla acerca del neocórtex (el cerebro pensante) y de la evidencia que expone las verdaderas relaciones existentes entre el pensamiento y el sentimiento».

Por lo tanto, las emociones son reacciones psicofisiológicas de las personas ante ciertos estímulos y las experimentamos, continuamente, a lo largo de nuestra vida. Las emociones, como bien sabemos, influyen en nuestra toma de decisiones y tienen mucho que ver en las acciones que llevamos a cabo. También repercuten en nuestros pensamientos y en nuestra conducta.

Del estudio de las emociones se encarga la **neurociencia afectiva**, ya que se dedica a estudiar los procesos afectivos y sociales de las personas y de los animales. J. A. Panksepp fue quien le dio nombre en su estudio publicado en Psychological Review (*Affective Neuroscience*). En 2003, L. A. Schmidt se referiría a él como «el campo de investigación científica que estudia los procesos afectivos y sociales de los seres humanos y animales y que abarca niveles conductuales, morales y neuronales de análisis».

Se trata de un campo de investigación que considera el estudio psicológico de la personalidad, de las emociones y del estado de ánimo en relación a la neurociencia. **Nos permite estudiar cómo el cerebro humano procesa la gestión emocional**. Gracias a las nuevas tecnologías de alta resolución, podemos ampliar conocimientos a través de la imagen por resonancia magnética funcional (IRMF), la electroencefalografía o el empleo de modelos por computadora de las zonas del cerebro con mayor actividad en circunstancias que precisan la gestión emocional.

Y, tras un breve paseo por la historia en relación a la emoción y sus numerosas investigaciones aún vigentes, es importante que, en la práctica, la conexión y la consciencia con nuestras emociones sea la base para nuestro equilibrio vital y nuestro bienestar, tanto físico como emocional. La emoción es un maravilloso indicador y una poderosa herramienta a la hora de cuidar de nosotros mismos. **Y más allá de cualquier investigación científica, el valor de la emoción reside en su experimentación. Por ello, toma una especial relevancia en cuanto condiciona nuestra relación con la manera en la que tenemos de alimentarnos.**

Se trata de identificar las creencias que hemos almacenado, a lo largo de los años, en nuestra memoria (quizá no consciente) y cómo esas creencias nos están condicionando a día de hoy. La mejor manera de saberlo es a través de la atención a nuestros pensamientos y el reconocimiento de nuestras emociones. Y, por supuesto, **tener en cuenta que tenemos la capacidad de sustituir antiguos paradigmas por nuevas creencias que nos hagan sentir capaces de crear nuevas realidades en nuestras vidas.**

> Dado el tema que nos ocupa y teniendo en cuenta que el estudio del cerebro supone un campo de estudio en sí mismo, vamos a dar más atención al cerebro límbico, ya que su conocimiento facilita la comprensión de ciertos procesos de aprendizaje, cambio y desarrollo.

En esta parte del cerebro, se encuentra la amígdala, mencionada anteriormente. A través de la **amígdala** distinguimos, aprendemos y regulamos nuestras emociones. Gracias a ella respondemos ante situaciones de alerta y podemos aplicar los correspondientes mecanismos de defensa. Está muy relacionada con el hipocampo y conectada también al neocórtex.

Hipocampo: se encuentra en el lóbulo temporal de cada corteza cerebral. Es un área relevante, ya que en ella se gestiona la memoria a corto y largo plazo.

Núcleo Accumbens: tiene que ver con la motivación, la adicción, la sensación de placer y forma parte del centro de recompensa cerebral...

Se encarga del proceso: emoción, motivación, acción. Es muy importante a la hora de convertir en acción motora una motivación concreta con el objetivo de realizar los objetivos del organismo. Recibe un papel importante en el proceso de la habituación, ya que participa en el aprendizaje y automatización de conductas.

Tálamo: encontramos el tálamo en la parte central del cerebro. Recibe y filtra los estímulos a través de los sentidos, menos los que proceden del olfato y, por ello, se considera el eje central encargado de los datos sensoriales. El tálamo transmite la información a otras áreas. Y se encarga de filtrar los estímulos. Por así decirlo, diferencia la información importante de la que no lo es y, esta última la desecha. Los datos relevantes son enviados a la amígdala y a la corteza prefrontal.

Esta parte del cerebro está conectada con el resto, por ejemplo, con el neocórtex y con el cerebro límbico, esencialmente con la amígdala. Gracias a los sentidos, el tálamo obtiene los datos que organiza y reparte entre las dos áreas principales:

La amígdala (vía talámica-amígdala): la primera en recibirlos (genera los estados emocionales).

El neocórtex (vía talámica-cortical): el tálamo emplea un poco más de tiempo en llevar la información a la zona pensante donde la información se analiza y se envían instrucciones de actuación. Por supuesto, esto acontece ante experiencias que no se conciban como emergencia.

A su vez, algunos estudios consideran que el tálamo también está involucrado en la atención, la memoria, la consciencia y en las funciones ejecutivas.

Se comunica con una gran parte del neocórtex y con el cerebro límbico, especialmente con un punto esencial del mismo: la amígdala (centro de procesamiento emocional).

Una vez el tálamo recibe y organiza la información procedente de nuestros sentidos, la distribuye a dos regiones principales: a la amígdala (vía talámica-amígdala), que es la que primero recibe la información (aparición de estados emocionales). Y al neocórtex (vía talámica-cortical): el tálamo tarda un poco más en enviar la información a nuestra área pensante donde los datos se procesan de manera más analítica y se dan órdenes para actuar en consecuencia. Esto sucede así siempre y cuando no estemos viviendo una situación de emergencia.

Además de estas funciones, las investigaciones más recientes asignan al tálamo un papel sustancial en otros procesos ligados a la aparición de la consciencia, la atención, la memoria y las funciones ejecutivas.

Hipotálamo: considerada el área del cerebro más relevante para la coordinación de conductas básicas, relacionadas con la supervivencia. Está encargada de procesos metabólicos y de sintetizar y segregar neurohormonas. Regula la liberación de hormonas (hipófisis), controla la temperatura del organismo y se encarga de aspectos conductuales. Interviene en la regulación **de la sed, del hambre, del sueño y del cansancio. Además, tiene un papel destacado en la regulación de los estados de ánimo y de los impulsos sexuales. Su función se basa en conseguir mantener el equilibrio y la homeostasis.**

Glándulas endocrinas:

- **La glándula pineal o epífisis:** genera la melatonina, la hormona derivada de la serotonina que incide en la regulación de los patrones del sueño, incluyendo los ritmos circadianos y estacionales.
- **La glándula pituitaria o hipófisis:** genera hormonas, las cuales contribuyen a la regulación de la homeostasis (equilibrio de los sistemas del organismo). Se trata de la glándula endocrina más destacada de nuestro cuerpo, ya que se coordina con el hipotálamo para generar las hormonas y neurotransmisores en el caso de que se haya producido alguna alteración o descompensación fisiológica. Ambos, el hipotálamo y la glándula pituitaria, conforman el eje hipotálamo- hipofisario.

Como podemos comprobar, el funcionamiento del cerebro es complejo y fascinante, digno de un estudio riguroso. Por supuesto, en este libro solo haremos una pequeñísima introducción con el deseo de poner al lector en contexto y facilitar, de este modo, la comprensión de algunos aspectos relacionados con nuestra gestión emocional y toma de decisiones. De hecho, este breve recorrido por el cerebro, al que le quedan muchas zonas por descubrir, está basada en los estudios y conclusiones del profesor Redolar,

Neurociencia Cognitiva (2013), tal y como indican David Gómez e Isabel Sousa en su maravillosa obra *Neurociencia aplicada al coaching*, donde ambos autores hacen un fascinante y exhaustivo recorrido por cada una de las áreas del cerebro que intervienen en los procesos de transformación del coaching. Sin duda, una buena referencia si queremos conocer este campo más a fondo.

Como ya hemos visto, las emociones tienen mucho más de ciencia de lo que, en un principio, podemos imaginar. Es por ello que aprender a reconocer nuestras emociones es algo básico para nuestro bienestar, incluido el físico. Dejar de considerar a las emociones como enemigas, y empezar a verlas como aliadas, nos puede facilitar la vida. De hecho, si tenemos en cuenta la definición de salud mental facilitada por la OMS (Organización Mundial de la Salud), es fácil reconocer el papel fundamental que tienen la gestión y regulación emocional.

Existen diferentes tipos de emociones: primarias, secundarias, instrumentales... Lo más interesante, en este punto, es comprender algunas ideas muy básicas en el contexto que nos ocupa:

En primer lugar, nos gusta apoyar la premisa de que **«no existen emociones positivas o negativas, existen emociones agradables o desagradables»**, ya que la que es positiva o negativa es la acción que ejecutamos, voluntariamente, a consecuencia de experimentar una emoción agradable o desagradable.

Gracias al continuo estudio del cerebro y al interés que generan las emociones en su funcionamiento, poco a poco, estamos entendiendo la gran importancia que tiene la «educación emocional». En concreto, debemos a D. Goleman el hecho de que se extendiera popularmente la idea de que si la razón y la emoción hacían equipo, podíamos llegar a adquirir importantes ventajas en diferentes contextos de nuestra vida: el éxito profesional y personal y una mejor salud a todos los niveles. Las emociones nos permiten adaptarnos, y huelga decir la gran relevancia que ello tiene para nuestra supervivencia como especie.

Debido a la neurociencia, a día de hoy, sabemos que «cada emoción (el miedo, la tristeza, la rabia, la alegría, el asco...) está relacionada con una determinada respuesta neuroquímica». De hecho, rescatando el «inconsciente emocional» de Joseph Ledoux, nos damos cuenta de que sentimos antes de que pensamos. Por lo tanto, casi toda la actividad emocional se genera al margen de nuestra razón y de nuestra consciencia.

Cuando entendemos cómo nos emocionamos, estamos más cerca de darnos lo que necesitamos. Observa cómo te relacionas con el mundo y te darás cuenta que el modo en el que lo haces tiene mucho que ver con las emociones que experimentas en determinadas circunstancias. Lo mismo sucede al comer, ya que las emociones también están presentes aquí. Parece una obviedad, pero que «los árboles no nos impidan ver el bosque…» La comida también forma parte de nuestra vida desde que nacemos, por lo que sucede lo mismo a la hora de relacionarnos con ella. Y, dado que los alimentos forman parte de nuestra vida desde que nacemos, reconocer el importante vínculo existente entre estos (los alimentos) y las emociones, es básico para mantener unos hábitos saludables de alimentación.

ALIMENTACIÓN EMOCIONAL

Algunos autores han considerado que la alimentación emocional se origina cuando la propia ingesta de comida se convierte en un tipo de estrategia que sirve para inhibirse de ciertas emociones desagradables. De este modo, se vincula a un consumo excesivo y poco responsable de alimentos con alto valor calórico, en la mayoría de los casos. En conclusión: una mala regulación emocional deriva en una mala alimentación… En cambio, otros autores consideran que las emociones agradables también participan en esta alimentación emocional. Parece obvio deducir que para que haya un deseo de recurrir a la ingesta de alimentos para «sentirnos bien» es porque, previamente, se ha creado un vínculo positivo entre comer y experimentar emociones agradables. Tiene todo el sentido, si nos paramos a pensar en todos esos momentos de celebración que vivimos a lo largo de nuestra vida, donde la comida juega un papel muy importante.

Por esta razón, **la educación emocional es imprescindible y, si no hemos recibido esa educación desde la infancia, podemos reeducar nuestras emociones en la edad adulta**. Cuando aprendamos a reconocer y regular nuestras emociones nos resultará más fácil responder (que no reaccionar) ante ellas. **Según vayamos mejorando, podremos identificar con mayor facilidad la asociación emocional que hemos creado con los alimentos y con el acto de comer en sí mismo**. Por lo tanto, nuestra relación con la alimentación se verá beneficiada y, con ella, la relación con nuestro cuerpo físico y nuestra autoestima se verá reforzada. Una buena salud se consigue trabajando la atención a nosotros mismos, en todos los aspectos.

TIPS/RECOMENDACIONES

No te desconectes de las emociones, sean agradables o desagradables, puesto que esa negación, represión o inhibición puede traer consecuencias muy negativas. Por ejemplo: te sientes muy triste tras una discusión con un ser querido. Entonces, se te plantean dos opciones:

1. No quiero pensar, no me quiero amargar, me voy a distraer.
2. Voy a darme un tiempo a solas, aunque sea unos minutos, para ver cómo me siento y qué está en mi mano para cambiar la situación.

Evidentemente, la segunda opción es la más incómoda, pero es la más productiva y la que nos plantea más opciones que nos faciliten solucionar lo que nos desagrada o puede ser que no podamos cambiar el devenir de los acontecimientos, pero lo que está claro es que podremos aprender algo de ello. En cambio, si tomamos la primera opción esta se puede acabar traduciendo en: «me siento tan mal que...»

A. Voy a comer algo rico, veo una película y se me pasa. Si como mal y de más, ¿qué más da?
B. Voy a encenderme un cigarrillo y me relajo.
C. Acabo dando cuatro gritos o una mala contestación a alguien porque me siento muy frustrado/a.

No hace falta ser un genio para sacar conclusiones, ¿verdad? Entonces, ¿por qué este tipo de situaciones se repiten una y otra vez en la vida de millones de personas que, literalmente, sufren tanto, que acaban experimentando graves problemas de salud? Una vez más, aplica pausa y atención.

A continuación, facilitamos una breve recopilación de tips/recomendaciones para poder mejorar.

RECORDEMOS:

1. **Practica mindfulness en cualquier momento y en cualquier lugar**, aunque solo sean de dos a cinco minutos. Lo bueno, por poco que sea, suma.
2. **Practica mindfulness mientras comes:**

   Antes de empezar a comer: ¿tengo hambre realmente? ¿Qué aportación nutricional me ofrecen cada uno de los alimentos que he elegido ingerir? ¿Satisfacen estos alimentos mis necesidades físicas? ¿Las proporciones y cantidades son adecuadas para mí, en este momento?

   «Respira profundamente. Bebe agua. Siéntate cómodamente. Busca un lugar relajado. Dispón de tiempo suficiente. No llenes mucho el plato. Mejor si las porciones son pequeñas y mejor si los platos no son muy grandes».

   Durante la comida: aprecia los sabores, las texturas, los olores, la temperatura. Identifica los colores de los alimentos, el modo en el que están cocinados, reconoce si están crujientes o no al masticar. Mastica despacio. Haz pausas para beber.

   Evita estresores de cualquier tipo, evita comer en lugares bulliciosos y en compañía de personas que te inquieten. Evita informaciones que te turben o generen malestar.

   Pregúntate: ¿me gusta lo que como?, ¿a qué sabe?, ¿estoy masticando suficiente?, ¿tengo más hambre?

   No comas con la tele, el móvil o la tablet: ¡come contigo!

   Después de comer: agradece y valora. Da tiempo a tu cuerpo a que haga una digestión tranquila y sin estrés y evita una actividad física excesiva. Tu organismo necesita tiempo para asimilar todos los nutrientes que le has proporcionado.
3. **Diario de emociones, necesidades y de comidas:** en cualquier momento del día es bueno poner palabras a nuestras sensaciones y experiencias para, después, poder leerlas y comprendernos mejor. Observa, describe y participa. ¿Lo recuerdas?

   También es importante tener claridad a la hora de identificar nuestras necesidades reales. Eso implica hacer un reconocimiento pormenorizado de nuestras necesidades cada día, semanalmente.

4. **Sustituye hábitos que no cuiden de ti por hábitos que sí lo hagan y satisfagan una necesidad**. Recuerda que todo lo que hacemos es fruto de un deseo: crea las estrategias que te lleven a un «buen bienestar».
5. **Evita tener tentaciones en casa,** tales como bolsas de comida basura, ultraprocesados,etc., hasta que la autorregulación emocional sea una práctica sencilla para ti. También es interesante evitar tener ese tipo de alimentos en casa cuando sabemos que no estamos en un momento cómodo de nuestras vidas.
6. **Practica actividades al aire libre**. El contacto con la naturaleza es positivo para nuestro organismo.
7. **Disfruta de una vida social sana** con personas que estimulen tu crecimiento personal.
8. Por supuesto, **haz deporte o alguna actividad física que te guste de forma regular**. Busca la actividad que más vaya contigo en este momento. La actividad que elijamos es algo muy personal, es mejor no seguir modas. Eso sí, ¡¡mueve tu cuerpo!!
9. **Duerme bien y suficiente tiempo**.
10. **¡¡AGRADECE CADA DÍA!!**

EMOCIONES Y MICROBIOTA

Las emociones influyen en nuestra microbiota, de esto ya no hay duda, varios estudios así lo sugieren.

Dato curioso el de un estudio de la revista *Human Microbioma*, donde se estudia el impacto del contacto con la familia política en el microbioma intestinal durante la temporada navideña.

De los participantes en el estudio, unos van a pasar la Navidad con su familia política y otros con la propia. Se estudian los patrones dietéticos y de estilo de vida durante el período de estudio para corroborar que son similares y que por tanto esto no influye en la microbiota.

Se vio que pasada la navidad la microbiota de los que habían pasado la navidad con sus familias políticas había empeorado en comparación con los otros, especialmente en la disminución de la presencia del género Ruminococcaceae en el intestino: «sorprendentemente, se encuentra que los humanos con trastornos depresivos mayores y los ratones expuestos al estrés crónico tienen palancas significativamente más bajas de los genes Ruminococcaceae».

El estudio anterior tiene varias limitaciones y por tanto no se puede sentar cátedra, pero es una pequeña muestra de que efectivamente nuestras emociones influyen en nuestra microbiota.

DEL ARTÍCULO *GENES, EMOTIONS AND GUT MICROBIOTA: THE NEXT FRONTIER FOR THE GASTROENTEROLOGIST*:

«¿Por qué después de perder peso mediante un duro tratamiento nutricional-médico o incluso más a menudo después de la cirugía bariátrica, los pacientes recaen ganando más peso o recuperando el peso perdido? La respuesta puede estar relacionada con el desequilibrio entre los alimentos que comemos, los genes y las emociones

En el contexto médico, un enfoque claro e integrado podría ayudarnos a comprender el papel del instinto, las emociones y el comportamiento en el proceso de salud / enfermedad, y a establecer objetivos terapéuticos.

Las emociones negativas, los eventos estresantes de la vida y los rasgos de personalidad como el neuroticismo se han asociado con el SII, la colitis, la enfermedad de Crohn (EC) y la dispepsia Al mismo tiempo, el deterioro de la atención y la regulación de las emociones provocan síntomas de ansiedad, hipervigilancia e hipersensibilidad. De hecho, las funciones gastrointestinales generales como el hambre, el apetito, la saciedad, la digestión, la absorción y la evacuación se ven afectadas por las emociones negativas.

La microbiota intestinal puede ayudar a regular las emociones y la cognición porque mantiene una comunicación bidireccional con el cerebro.

Las alteraciones del sistema de recompensa cerebral mesolímbico y las emociones negativas, junto con otros factores de estilo de vida poco saludables, producen una disbiosis.

Conclusión: en resumen, la alimentación es una necesidad natural y fisiológica para obtener energía y buscar alimentos del medio ambiente. El eje cerebro-intestino comprende un circuito neuroendocrino neural entre los sistemas de hambre-saciedad y recompensa dopaminérgica del cerebro junto con la microbiota intestinal, que regula nuestras emociones y la toma de decisiones alimentarias. Sin embargo, las variaciones genéticas y el consumo de dietas altas en azúcar y grasas han anulado este circuito de energía / placer hasta el punto de la adicción a varios alimentos, así como la obesidad y otras comorbilidades crónicas asociadas. Equilibrar este proceso fisiológico alterado para recuperar la salud puede implicar estrategias personalizadas de medicina y basadas en el genoma. Por lo tanto, un enfoque integrado basado en la comprensión de los genes, las emociones y las interacciones de la microbiota intestinal es la próxima frontera que espera al gastroenterólogo para prevenir y tratar los trastornos gastrointestinales asociados con la obesidad y las emociones negativas».

DE ARTÍCULO *THE GUT–BRAIN AXIS: HISTORICAL REFLECTION*:

«Parece evidente que los médicos y los pacientes han estado intrigados durante mucho tiempo por las ideas sobre las interacciones entre el intestino, el cerebro y los estados mentales.

A lo largo del siglo XIX, los médicos y el público se refirieron rutinariamente a esta interacción para explicar una amplia gama de fenómenos corporales y sociales: salud personal, cambios en los patrones dietéticos, suicidio, encarcelamiento en asilo, incluso políticas radicales.

La investigación actual del microbioma se ha enmarcado típicamente como un desarrollo radicalmente nuevo que ofrece un enfoque más holístico del cuerpo y sus dolencias. Sin embargo, el análisis histórico sugiere que las corrientes de pensamiento médico en el intestino mostraron tendencias a oscilar entre el pensamiento sobre el intestino de una manera reduccionista u holística. A veces, estos modelos coexistían y a menudo competían por el dominio en el pensamiento clínico.

En muchos sentidos, la investigación microbiológica reciente representa un giro hacia el holismo que comenzó en la década de 1990 cuando los investigadores comenzaron a volver a cuestionar el reduccionismo del manejo gástrico farmacológico y sus tendencias a ignorar la relación entre el estómago y la mente».

ESTRÉS Y MICROBIOTA

ESTRÉS Y EMOCIONES: ¿TIENEN RELACIÓN CON NUESTRA MICROBIOTA?

> El estrés es aquella situación en la que la homeostasis o estado estable de un organismo se ve alterado o amenazado por un estresor físico o ambiental. En los últimos años hemos visto que el estrés podría tener efectos significativos en la composición de nuestra microbiota y viceversa, así como la influencia de esta sobre nuestras emociones a través del eje intestino-cerebro.

¿QUÉ ES LA MICROBIOTA INTESTINAL?

Sobre esto ya hemos hablado largo y tendido, aunque cabe añadir una cosa más: **no se ha de confundir microbiota con el microbioma, cuyo término incluye también el genoma de la microbiota.**

EJE CEREBRO-INTESTINO-MICROBIOTA

El eje intestino-cerebro es un complejo sistema de comunicación bidireccional que existe entre el sistema nervioso central y el tracto gastrointestinal, aunque ahora se le añade el término microbiota recibiendo el nombre de eje cerebro-intestino-microbiota. A través de una compleja red bidireccional, el SNC y el intestino están íntimamente conectados. Las señales del cerebro influyen en las funciones motoras, sensoriales y secretoras del tracto gastrointestinal (GI) mediante la liberación de neuropéptidos y hormonas, y a la inversa, los mensajes del tracto GI pueden influir en la función, el estado de ánimo y el comportamiento del cerebro. Es por esto que, en ocasiones, «los problemas nos sueltan la tripa».

Las múltiples rutas bidireccionales de comunicación entre el cerebro y la microbiota incluyen el nervio vago, el eje hipotalámico-pituitario-adrenal (HPA), las citocinas producidas por el sistema inmunológico, el metabolismo del triptófano y la producción de ácidos grasos de cadena corta.

La microbiota produce hormonas, ácidos biliares, neurotransmisores y moduladores del sistema inmunitario. Está presente una multitud de péptidos biológicamente activos a lo largo del eje intestino-cerebro y tienen una amplia gama de funciones que incluyen la motilidad y secreción intestinal, además de la regulación del afecto emocional y la resistencia al estrés.

También puede influir en la permeabilidad de la barrera hematoencefálica, por lo que enfermedades como el Parkinson, la depresión o el Alzheimer se asocian con una alteración en la microbiota, mediante lo que conocemos por disbiosis. De igual modo, el estrés puede afectar a la composición de la microbiota alterando el equilibrio de esta.

La serotonina, muy relacionada con el control de las emociones y el estado de ánimo, es una amina biogénica que funciona como un neurotransmisor dentro del cerebro y también dentro del Sistema Nervioso Entérico (SNE). De hecho, aproximadamente el 95 % de la serotonina dentro del cuerpo es producido por la mucosa intestinal y neuronas del SNE. De forma periférica, la serotonina participa en la regulación de la secreción gastrointestinal, la motilidad (contracción y relajación del músculo liso) y la percepción del dolor, mientras que en el cerebro las señalizaciones de las vías de la serotonina están implicadas en la regulación del estado de ánimo y la cognición. Por lo tanto, la señalización disfuncional de serotonina puede ser la base de los síntomas patológicos relacionados con los trastornos gastrointestinales y del estado de ánimo, además de contribuir a la alta comorbilidad de estos trastornos. Apoyando esta idea, los fármacos que modulan la neurotransmisión serotoninérgica, como los antidepresivos tricíclicos y los inhibidores específicos de la recaptación de serotonina, también tienen eficacia para tratar el síndrome del intestino irritable (SII) y otros trastornos gastrointestinales. Además, se ha demostrado recientemente que la microbiota puede regular la síntesis de serotonina en el intestino.

LA RELACIÓN DEL ESTRÉS CON LA MICROBIOTA INTESTINAL

Se define al estrés como la respuesta física y específica del organismo ante cualquier demanda o agresión de elementos que pueden ser tanto físicos como ambientales.

Trae consigo una serie de reacciones en los sistemas neuroendocrino, nervioso, cardiovascular e inmunitario que permiten una acción de urgencia como si se tratara de luchar o huir de estos estresores. La coordinación de esta respuesta fisiológica al estrés está gobernada por una vía que une el hipotálamo, la glándula pituitaria y las glándulas suprarrenales (el eje hipotalámico-pituitario-adrenal (HPA)), lo que finalmente da como resultado la liberación de sustancias químicas que alteran el comportamiento, incluidos los glucocorticoides, mineralocorticoides y catecolaminas.

Cuando sufrimos un evento que nos estresa, se activa el HPA desencadenando una serie de reacciones fisiológicas que terminan liberando hormona adrenocorticotrópica (ACTH), que viaja por la sangre hasta las glándulas suprarrenales, donde se liberan cortisol y los productos del sistema nervioso simpático, las catecolaminas. Estas hormonas aumentan los niveles de glucosa en sangre mediante la glucogenólisis (liberación de glucosa gracias al glucógeno hepático), y aumentan la síntesis de glucosa (neoglucogénesis) a través de otros sustratos como las grasas o los aminoácidos, lo que implica, entre otras cosas, una pérdida de masa muscular. Es una reacción fisiológica natural y frecuente, siempre que sea de forma aguda, es decir, un momento de lucha, huida o cualquier otra situación repentina de estrés para el cuerpo. El problema viene cuando este estrés se cronifica manteniendo estas respuestas en el organismo de forma continuada y desencadenando niceles perjudiciales de las hormonas antes mencionadas.

Respecto a la microbiota, la exposición al estrés en una etapa temprana de la vida o en la edad adulta puede cambiar su composición en el organismo, además, las poblaciones microbianas pueden moldear la capacidad de respuesta al estrés de un organismo.

A nivel fisiológico, el estrés aumenta la permeabilidad de la barrera intestinal permitiendo que las bacterias y los antígenos la crucen, lo cual puede activar una respuesta inmune de la mucosa aumentando esa posible filtración intestinal y provocando un aumento de citocinas proinflamatorias como son la interleucina-6 (IL-6) y la interleucina-1 (IL-1), las cuales, a través de ciertos mecanismos, pueden alterar la función metabólica e inmunológica. La exposición crónica al estrés da como resultado varios efectos secundarios adversos como osteoporosis, diabetes, hipertensión, dislipidemia e incluso neurodegeneración.

El estrés también es uno de los factores de riesgo más importantes para el síndrome del intestino irritable (SII). Por otro lado, un eje HPA deficiente puede desembocar en una amplia gama de enfermedades autoinmunes e inflamatorias.

> *El estrés induce una mayor permeabilidad del intestino, lo que permite que las bacterias y los antígenos bacterianos atraviesen la barrera epitelial y activen una respuesta inmunitaria de la mucosa, que a su vez altera la composición del microbioma y conduce a un mayor impulso de HPA. Los datos cada vez mayores de pacientes con síndrome del intestino irritable y depresión indican que la alteración del HPA en estos síndromes puede ser inducida por una mayor permeabilidad intestinal.*
>
> *Este concepto de que el «intestino permeable» puede facilitar la comunicación entre la microbiota y el tono inflamatorio ha ganado fuerza y puede ser causal en la inflamación crónica de bajo grado que a menudo se observa en los trastornos del estado de ánimo, como la depresión.*
>
> *Si comparamos un sistema intestino-cerebro sano y un sistema anormal, vemos cómo en estados afectivos negativos como el estrés, la ansiedad o la depresión, aumenta la expresión de marcadores proinflamatorios, se altera la microbiota intestinal y la permeabilidad intestinal y el eje intestino-cerebro se encuentra en estado de disbiosis.*

Hay evidencia que indica que distintos tipos de estrés psicológico pueden alterar la composición de la microbiota intestinal, al igual que pueden generar trastornos relacionados con el estrés como es el caso del SII.

EL ROL DE LAS BACTERIAS EN EL ESTRÉS

Las bacterias gastrointestinales pueden afectar el comportamiento emocional y la respuesta al estrés, o, al menos, eso se ha podido ver en intervenciones en animales. El estrés en la vida temprana puede alterar la composición de la microbiota y esto puede tener consecuencias marcadas en la fisiología en la edad adulta. La infancia representa el periodo de cambio más dinámico en nuestro microbioma intestinal, así como en nuestro desarrollo neuronal. Durante y después del nacimiento, los bebés están expuestos a microbios que se originan principalmente de la madre y el entorno. El tipo de parto (cesárea o parto vaginal) influirá en la primera siembra de la microbiota gastrointestinal del bebé, seguida luego de si este toma lactancia de forma natural o no. Como ya hemos visto, los microbios que pueblan nuestro intestino en la vida temprana influyen en nuestro desarrollo neuronal a corto y largo plazo, por lo que las alteraciones de nuestra microbiota (como consecuencia del estrés o los antibióticos) en estos períodos tienen el potencial de alterar profundamente la señalización intestino-cerebro, afectar la salud a lo largo de la vida y aumentar el riesgo de padecer trastornos del neurodesarrollo o aumentar los niveles de estrés.

La separación materna es un modelo animal útil para representar el estrés temprano en la vida en humanos. Se producen cambios a largo plazo en el comportamiento y la complejidad / diversidad de la microbiota gastrointestinal en la edad adulta de las ratas, lo cual se podría aplicar en humanos. La colonización en estas ratas con *Bifidobacterium infantis* atenuó los cambios inmunes y normalizó el fenotipo conductual sin restaurar la actividad del eje HPA, mientras que, en un modelo similar, los probióticos sí redujeron el aumento de glucocorticoides inducidos por el estrés. «*Los presentes resultados, en los que los microbios colonizadores alteraron la respuesta de HPA al estrés por restricción, indican que la interacción de las bacterias intestinales con el cerebro también es bidireccional, al igual que el eje cerebro-intestino. Estos hallazgos indican que la serie de eventos en el tracto gastrointestinal después de la colonización microbiana posnatal puede tener un impacto duradero en el procesamiento neuronal de la información sensorial con respecto al eje del estrés endocrino*».

También hay evidencia en animales que muestra que tratamientos con ciertos probióticos (cepas concretas de *lactobacillus*) también tuvieron éxito en revertir las alteraciones del comportamiento sin alterar la producción neuroendocrina en las pruebas de restricción y privación de alimentos.

La ingestión de un cóctel determinado de probióticos altera la actividad cerebral y el procesamiento de la información del material emocional en un estudio de escaneo cerebral de imágenes por resonancia magnética funcional, además de reducir los pensamientos negativos asociados con el estado de ánimo triste, reforzando el papel de la microbiota gastrointestinal en el estrés y las respuestas emocionales.

¿PUEDE LA DIETA MODIFICAR NUESTRA RESPUESTA AL ESTRÉS A TRAVÉS DE LA MICROBIOTA?

Los patrones de dieta pueden modular el microbioma intestinal a través de la alteración de la disponibilidad de nutrientes. Los desarrollos recientes han sugerido que la intervención dietética puede afectar la riqueza de genes microbianos intestinales. La menor riqueza de microbiomas se identificó como menos saludable y se asoció con disfunción metabólica e inflamación de bajo grado. La fórmula dietética con mayor contenido de fibra puede mejorar la riqueza del microbioma.

La exposición al estrés puede alterar tanto la calidad como la cantidad de calorías que consumimos, y las alteraciones que produce el estrés en la ingesta de alimentos y el equilibrio energético pueden interactuar con el estado emocional.

Respecto a la microbiota, la alimentación con una dieta alta en ultraprocesados promueve una mayor permeabilidad intestinal, similar al efecto del estrés crónico solo, mientras que la combinación de ambas puede promover una translocación bacteriana aún mayor. *«El aumento de las citocinas circulantes posterior a la translocación bacteriana puede sensibilizar el eje HPA a la activación inducida por el estrés y también puede aumentar los comportamientos de tipo ansioso y depresivo. Por el contrario, el tratamiento con probióticos en ratones era suficiente para prevenir la capacidad del estrés crónico de aumentar la permeabilidad intestinal, y también era suficiente para reducir el flujo de salida simpático inducido por el estrés y la activación del eje HPA».*

Varios estudios han demostrado que la modificación de la microbiota a través de la dieta, los prebióticos y los probióticos, pueden reducir el comportamiento relacionado con el estrés y la activación de HPA.

Respecto a ciertos nutrientes, en ratones, la suplementación tanto de ácido docosahexaenoico (DHA) como de ácido eicosapentaenoico (EPA), dos ácidos grasos esenciales Omega 3, redujeron la ansiedad, el estrés y los comportamientos depresivos, sugiriendo que estos efectos protectores fueron mediados por la microbiota.

También se ha demostrado la reversión de los efectos del estrés por parte de los probióticos y los prebióticos, mejorando los déficits de comportamiento y los niveles de corticosterona (glucocorticoide) inducidos por el estrés. Además, la ingesta de probióticos puede ayudar a reducir los pensamientos negativos asociados con el estado de ánimo triste. *«Los estudios en animales han mostrado que cepas específicas de Bifidobacteria, Lactobacillus o Bacteroides pueden tener efectos positivos sobre el cerebro y el comportamiento, incluida la evidencia de que ciertas bacterias pueden mejorar los procesos cognitivos y afectar el aprendizaje emocional».*

¿PUEDEN LA SOLEDAD Y LA SABIDURÍA ESTAR RELACIONADAS CON LA MICROBIOTA?

La soledad y el aislamiento social son riesgos importantes para la salud pública, relacionados con una peor salud emocional, cognitiva y física, deterioro funcional y muerte prematura, mientras que la sabiduría está asociada con una mejor salud y bienestar. *«La soledad se asocia con cambios en la función cardiovascular, neuroendocrina e inmunitaria, incluidas elevaciones de biomarcadores proinflamatorios y activación del HPA, vías biológicas asociadas con el eje microbiota-intestino-cerebro. Por otro lado, la sabiduría, el apoyo social y el compromiso social están asociados con un mayor bienestar y salud. Se ha encontrado consistentemente que la soledad está fuertemente correlacionada inversamente con la sabiduría».*

La soledad y la sabiduría, incluido su importante componente de compasión, podrían están relacionadas con la diversidad y composición microbiana intestinal. *«Los niveles más altos de soledad y los niveles más bajos de compasión, sabiduría, apoyo social y compromiso social se asociaron con una menor riqueza filogenética y diversidad del microbioma intestinal. La sabiduría y la compasión se asociaron tanto con la diversidad microbiana como con la estructura y composición de la comunidad microbiana. La diversidad y composición microbianas intestinales están asociadas con rasgos de personalidad y construcciones psicosociales. El aumento de la diversidad microbiana intestinal está asociado con un mayor bienestar emocional, un afecto particularmente positivo y redes sociales más amplias».*

MICROBIOTA Y ENFERMEDADES

¿ENFERMEDAD INFLAMATORIA INTESTINAL Y MICROBIOTA?

La enfermedad inflamatoria intestinal se relaciona con una disbiosis intestinal y la microbiota intestinal parece jugar un papel importante en esta patología. Pero como pasa tantas veces, a día de hoy no se sabe si la disbiosis es la causa de la enfermedad, es una de las causas o es consecuencia de la enfermedad. Algunos autores consideran que pueden darse las tres posibilidades. En modelos animales se ha podido comprobar que la disbiosis intestinal contribuye a la enfermedad inflamatoria intestinal porque incrementa la respuesta inmune proinflamatoria del huésped. Metaanálisis en humanos confirman que el nivel medio de Bacteroides es menor en los pacientes con enfermedad de Crohn y colitis ulcerosa en fase activa en comparación con los pacientes en remisión, y más todavía en comparación con las personas sin patología. Por tanto, parece que la actividad inflamatoria propia de la enfermedad inflamatoria intestinal genera una reducción de los Bacteroides.

¿SÍNDROME DE INTESTINO IRRITABLE Y MICROBIOTA INTESTINAL?

Hace ya años que se viene sugiriendo que ciertas alteraciones en la microbiota intestinal pueden guardar relación con el síndrome de intestino irritable. De hecho, la microbiota intestinal está alterada en esta enfermedad. Y es que la microbiota participa en los diferentes mecanismos implicados en la enfermedad, es decir, en la motilidad del intestino y del colon, en la sensibilidad visceral, en la barrera de la mucosa intestinal y en las señales neuroinmunes, así como en el eje cerebro-microbiota-intestino. Y diversos estudios muestran como hay alteraciones en la microbiota en pacientes con esta enfermedad, alteraciones que podrían estar relacionadas con la patología. Además curiosamente estos cambios son diferentes según las regiones mundiales pero esto tiene sentido por las diferencias en los enterotipos en diferentes regiones.

¿MICROBIOTA Y ENFERMEDAD CELIACA?

La celiaquía es una afección gastrointestinal caracterizada por una reacción inflamatoria de la mucosa del intestino que se presenta en individuos genéticamente predispuestos, causada por la exposición a las proteínas del gluten como la gliadina, secalina... unas proteínas vegetales presentes en algunos cereales como en el trigo, centeno, cebada, espelta, kamut o sus variedades híbridas y productos derivados. Es una enfermedad autoinmune (y de hecho se relaciona con otras enfermedades autoinmunes) de base genética cuya fisiopatología no se conoce por completo.

Es la enfermedad inflamatoria crónica intestinal más frecuente, estimándose que más de 1 de cada 100 (en España en adultos 1 de cada 350) recién nacidos vivos van a padecerla a lo largo de su vida. La relación mujer-varón es de 2:1.

El gluten es un conjunto de proteínas contenidas exclusivamente en la harina de los cereales de secano, fundamentalmente el trigo, pero también la cebada, el centeno o cualquiera de sus variedades e híbridos (espelta, escanda, kamut, triticale...). Representa un 80 % de las proteínas del trigo. El gluten está compuesto de prolaminas (gliadina del trigo, secalina del centeno, hordaina de la cebada) y glutenina. La toxicidad de la avenina o prolamina de la avena ha sido puesta en entredicho en los últimos años, por lo que algunos grupos clínicos, especialmente del norte de Europa, autorizan su consumo (se ha visto que personas que llevan 5 años sin gluten al empezar a tomar avena parece que no sufren daño), sin embargo en general se considera que la avena tampoco es apta para celiacos (ya que hay estudios contradictorios).

En realidad la «toxicidad» no es al gluten, sino a ciertas prolominas del gluten. Siendo rigurosos, no existen cereales sin gluten, porque el arroz y el maíz (que son aptos para celiacos y se dicen libres de gluten) tienen gluten, lo que ocurre es que tienen prolaminas que no causan molestias a los celiacos (como la zeina del maíz). Pero se ha popularizado y por tanto aceptado las expresión «libre de gluten».

El gluten es responsable de la elasticidad de la masa de harina, lo que permite que junto con la fermentación el pan obtenga volumen, así como la consistencia elástica y esponjosa de los panes y masas horneadas. Por eso los productos sin gluten no son tan apetecibles. El gluten no es una proteína indispensable para el ser humano y puede ser sustituida sin ningún problema por otras proteínas.

La celiaquía debe ser diagnosticada por el médico. Hay una gran variedad de signos y síntomas con que puede presentarse clínicamente (diarrea, flatulencias, dolor abdominal, cansancio generalizado, caída de pelo, problemas en la piel, cefaleas….) y por eso a veces pasa desapercibida y su diagnóstico está infravalorado. Con ciertos síntomas y la detección de anticuerpos en sangre el médico puede ya sospechar sobre la enfermedad cuyo diagnóstico confirmará con biopsia. La enfermedad puede aparecer en la forma clásica, monosintomática, silente y latente y tiene cierta base genética. Se ha relacionado con ciertos haplotipos y tener pacientes en primer grado que sufren la enfermedad incrementa el riesgo al igual que tener alguna enfermedad autoinmune (como puede ser diabetes tipo 1). El comienzo de la enfermedad puede estar relacionado con un episodio de agudización extrínseco, tal como un episodio de gastroenteritis aguda, un viaje al extranjero (especialmente a países tropicales), estrés o cualquier cirugía.

Su único tratamiento consiste en una dieta estricta sin gluten mantenida indefinidamente tanto en pacientes sintomáticos como asintomáticos. Con ello se consigue la mejoría de los síntomas a partir de las dos semanas, la normalización serológica entre los 6 y 12 meses y la recuperación de las vellosidades intestinales en torno a los 2 años de iniciado el tratamiento. Hay que excluir de la dieta el trigo, cebada, avena, centeno y todos sus derivados, incluidos los almidones. Podemos pensar que si los síntomas son ligeros o no hay síntomas podríamos seguir comiendo con gluten, pero no, ya que se ha demostrado que previene la complicación potencial más grave, que es la malignización ya que comer con gluten en celiacos incrementa el riesgo de sufrir diferentes tipos de cánceres en el aparato digestivo. Algunos autores consideraban que el mayor riesgo de cáncer era por ser celiaco pero luego se ha visto que solo tiene lugar cuando se es celiaco y a la vez se está expuesto al gluten, ya que por ejemplo en linfocitos de sangre periférica de adultos y niños con enfermedad celíaca activa (no tratada), o que realizaban transgresiones dietéticas, había un alto porcentaje de aberraciones cromosómicas en comparación con una población control. Sin embargo, tras un periodo de dieta exenta de gluten de un año, el porcentaje de aberraciones se equiparaba al grupo control, lo que permite concluir que la presencia de aberraciones cromosómicas en el individuo celíaco no es un fenómeno constitucional, sino un fenómeno inducido y reversible, probablemente secundario a una situación de inflamación intestinal crónica. Estas complicaciones que derivan de comer con gluten en celiacos, tienen un elevado coste socio-sanitario, de ahí la importancia de eliminar el gluten.

Para conseguir una dieta sin gluten es necesario recurrir a un consumo preferente de alimentos naturales: carnes, huevos, leches, frutos secos, tubérculos como la yuca, patata, boniato o batata, pescado, legumbres, frutas, verduras y cereales sin gluten, como el maíz o arroz.

No es fácil realizar una dieta sin gluten en los países occidentales, donde el trigo es el cereal más consumido y utilizado y esto hace que mucho gluten esté oculto formando parte de productos elaborados (patés, fiambres…) o esté por contaminación (trazas que pueden quedar al elaborar un pan sin gluten en la misma máquina donde se hizo de trigo o mesas de cocina donde primero se puso algo con trigo, etc…).

Veamos un ejemplo de menú sin gluten para comprobar cómo puede ser una alimentación perfectamente normal:

- Desayuno: copos de maíz con leche desnatada y dos kiwis.
- Media mañana: una pera.
- Comida: arroz con gambas/ ensalada mixta con atún/ yogur natural desnatado/ pan de maíz (sin trazas de gluten).
- Merienda: un yogur natural sabor limón.
- Cena: pollo al horno con ensalada de tomate y patata hervida/ kiwi/pan de maíz (sin trazas de gluten).
- Recena: una mandarina y un yogur natural desnatado.

Se consideraba que con menos de 50 partes por millón sin gluten se podría evitar problemas (en base a algunos estudios), pero luego se ha visto que a esas dosis ya hay problemas y por eso se considera libre de gluten por debajo de 20 partes por millón, pero aun así a esa dosis sigue habiendo problemas en algunas ocasiones. Por eso, a día de hoy, la mayoría de los expertos en enfermedad celíaca y asociaciones de pacientes defienden que la cantidad de gluten sea la mínima posible, por lo que recomiendan que el nivel máximo de gluten permitido sea de 10 partes por millón.

Para detectar el gluten hace años se utilizaban técnicas que solo detectaban gliadina del trigo pero eran insensibles a la cebada y avena, y eso podía ser un problema. El grupo de la Unidad de Gluten del Centro Nacional de Biotecnología ha desarrollado en estos últimos años nuevos métodos analíticos inmunológicos y no inmunológicos para determinar el gluten de trigo de cebada y de centeno que están permitiendo garantizar el contenido de gluten con mayor fiabilidad. El método Elisa R5 Fue aceptado como método de referencia por el Comité del Codex sobre Métodos de Análisis y Toma de Muestras en el año 2006.

El principal efecto secundario descrito asociado a una dieta exenta de gluten es la aparición de estreñimiento, tanto en la población infantil como en la adulta, y generalmente se adscribe a una menor ingesta de fibra procedente de cereales. Este efecto puede, sin embargo, ser fácilmente subsanable con un mayor consumo de frutas, hortalizas y legumbres, es decir, potenciando la dieta mediterránea. Otro efecto negativo puede derivar del consumo de productos especiales aptos para celíacos que, por su mayor contenido en grasas para mejorar su palatabilidad y aspecto, contribuirían a situaciones como hiperlipidemias no deseables, pero evitando y/o minimizando estos productos esto no supone un problema.

Las dificultades para realizar estrictamente una dieta sin gluten por los condicionamientos de la vida social, el elevado coste de los productos dietéticos especiales y las dificultades tecnológicas para garantizar la ausencia de gluten de alimentos complejos ha impulsado la investigación de alternativas de tratamiento, aunque en el momento actual todavía no es ninguna de ellas una realidad en la práctica diaria. Entre estas opciones futuras:

- La ingesta de ciertas enzimas junto con los alimentos evitaría las proteínas tóxicas para el celíaco. Aunque estos suplementos no podrían reemplazar totalmente a la dieta libre de gluten, podrían mejorar la calidad de vida en dos aspectos: protección contra el «gluten oculto» de la dieta y permitir la ingesta de pequeñas cantidades de gluten en eventos sociales, viajes, etc.
- Otra de las líneas de investigación en desarrollo pretende conseguir un trigo transgénico sin la toxicidad del gluten, pero adecuado para la panificación y manteniendo las propiedades organolépticas.
- Uso de sustancias bioactivas (manan, glucosaminas) protectoras de la mucosa intestinal.
- Tratamiento farmacológico que interfiera en los distintos escalones de la respuesta inmunológica: bloqueo de receptores DQ2, de la interleuquina 15 (IL 15), de la TTG
- Vacuna: a partir de Bordetella pertusis, que posee en su genoma una secuencia peptídica igual a la del gluten.
- La Bifidobacterium longum ES1 es una bacteria probiótica que fue aislada en el Instituto de Agroquímica y Tecnología de Alimentos del Consejo Superior de Investigaciones Científicas en Valencia y que reduce algunos parámetros inflamatorios característicos de los individuos celíacos y modifica favorablemente la composición de la flora intestinal, reduciendo la concentración de bacterias negativas con mayor poder patogénico e inflamatorio detectadas en individuos celíacos. No permite comer sin gluten.

Con las modas dietéticas, se ha extendido la creencia de que en no celiacos también es bueno comer sin gluten, pero realmente no hay ningún beneficio en hacerlo.

Se han observado diferencias en la composición microbiana entre pacientes con celiaquía e individuos sanos. Diferentes estudios sugieren que la microbiota puede estar influyendo en la manifestación de la enfermedad y de hecho sugieren vínculos entre la microbiota y el inicio de la enfermedad.

¿QUÉ OFRECERLES A NUESTRAS BACTERIAS?

Numerosos estudios demuestran que la dieta influye en la salud de un individuo y que una dieta rica en alimentos de origen vegetal tiene ofrece una serie de beneficios con respecto a la salud y el bienestar de un individuo. Más recientemente se ha visto que también, en este sentido de salud y bienestar, hay una gran contribución de la microbiota intestinal. Desde este punto de vista se ha visto que, a largo plazo, la dieta modifica la microbiota intestinal.

En los adultos, las dietas que tienen una alta proporción de frutas y verduras, cereales de grano entero, legumbres, alimentos ricos en polifenoles, leches fermentadas, especias, cacao, hierbas aromáticas… y un bajo consumo de carne, se asocian con una microbiota muy diversa y se definen por una mayor abundancia de Prevotella en comparación con Bacteroides, mientras que lo contrario se asocia con una dieta que contiene un baja proporción de alimentos de origen vegetal.

Además, cada vez es más claro que el efecto de la ecología microbiana del intestino va más allá del sistema inmunitario intestinal local y está implicado en los trastornos relacionados con la inmunidad, tales como el síndrome de intestino irritable, la diabetes, envejecimiento…

¿PROBIÓTICOS?

Se ha mostrado útil ante ciertas situaciones como diarrea del viajero.

Todavía no están claros (ante la inmensa variedad) los protocolos de uso, cúales utilizar. etc…

Sin duda, un campo interesante.

¿TRANSPLANTE FECAL?

Se ha mostrado útil ante ciertas infecciones.

Muestra utilidad, a partir de superdonantes, en síndrome de intestino irritable.

Puede ser mediante transplante o autotransplante.

Aún hay que analizarlo según el peso corporal, con ciertas patologías, etc… Todavía no está claro y hay que seguir realizando más estudios al respecto.

BACTERIAS Y PARKINSON

En el curso de la enfermedad de Parkinson, el sistema nervioso entérico y los nervios parasimpáticos están entre las estructuras más tempranamente y más frecuentemente afectadas por la proteína alfa-sinucleína (esta es la proteína que causa los daños en el cerebro de estos enfermos y que se ha encontrado en varios lugares fuera del cerebro, incluyendo los nervios que controlan el intestino).

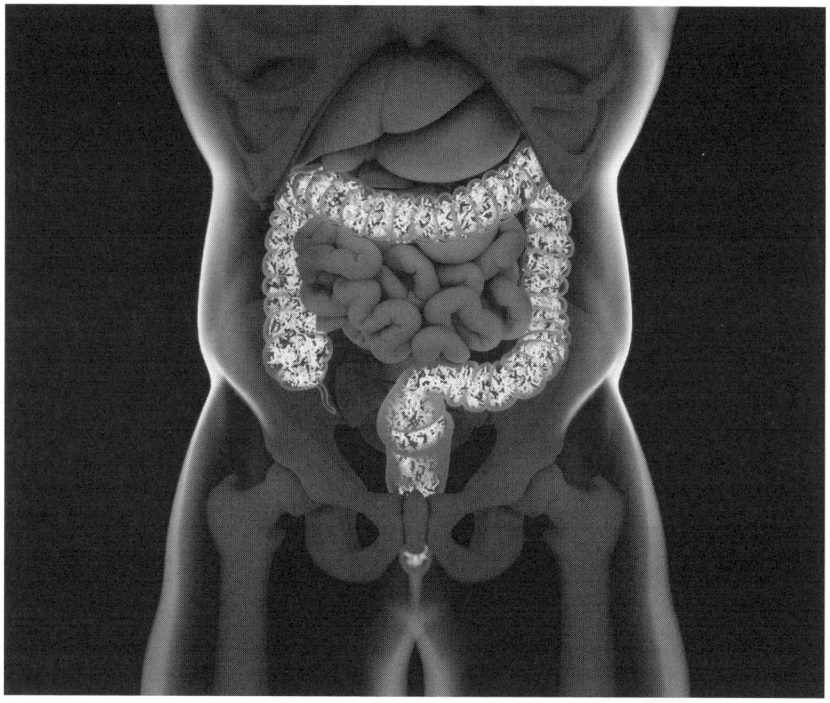

Precisamente, por eso se podría pensar (y algunos autores así lo creen) que la proteína anormal aparece aquí primero provocando daños en los nervios del intestino causando síntomas no motores como estreñimiento y que más tarde se extiende al cerebro para causar los síntomas motores típicos del Parkinson.

Partiendo de esta premisa anterior, quizás en algunas personas ciertas bacterias del intestino podrían afectar el funcionamiento de los nervios del intestino que podrían a su vez con el tiempo acabar afectando a los nervios del cerebro, causando los verdaderos síntomas del Parkinson.

Sea como fuere, la realidad es que el estreñimiento es un importante síntoma en este tipo de enfermos, de hecho el 80 % de los enfermos de Parkinson tienen estreñimiento y es frecuente que el estreñimiento preceda a la aparición de los síntomas típicos del Parkinson años antes.

La microbiota intestinal interactúa con el sistema nervioso autónomo y central a través de diversas vías, incluyendo el sistema nervioso entérico y el nervio vago. Sin embargo, hasta hace poco no se había relacionado la microbiota intestinal con la enfermedad de Parkinson.

En ciertos estudios se observa que la abundancia de un tipo de bacterias (Prevotellaceae) en las heces de los pacientes con enfermedad de Parkinson se redujo en un 77,6 % en comparación con los controles.

Estos hallazgos sugieren que la microbiota intestinal se altera en la Enfermedad de Parkinson, aunque se necesitan más estudios para dilucidar las relación entre estas alteraciones y la enfermedad y comprender si son causa o efecto. Es decir, puede ser que el hecho de que la microbiota esté alterada puede facilitar el hecho de que una persona padezca Parkinson o bien puede ser que los enfermos de Parkinson, como consecuencia de su enfermedad y de la alteración en la función intestinal, sufran modificaciones en la microbiota intestinal.

Además, quizás la microbiota (no olvidemos que es modificable mediante la dieta) se podría utilizar como marcador de la enfermedad.

CÁNCER Y MICROBIOTA

Hay multitud de metabolitos generados por la bacterias del microbioma con efectos antitumorales. Las bacterias ubicadas en el tracto intestinal y también ciertos probióticos ingeridos oralmente pueden generar metabolitos que tienen cierta capacidad de inhibición en el desarrollo tumoral y en la prevención de la carcinogénesis. Un ejemplo son los ácidos grasos de cadena corta como el butirato y propionato, generados por microorganismos de nuestra microbiota, que pueden favorecer la inhibición de histona deacetilasa de las células cancerígenas, dificultado su desarrollo.

Algunas cepas de Escherichia Coli generan sustancias como la colibactina, que tiene la capacidad de producir rupturas en el ADN, lo cual incrementa el riesgo de mutaciones que pueden derivar en algún tipo de cáncer.

La disbiosis (también llamada disbacteriosis) es el desbalance del equilibrio microbiano de la microbiota normal, debido a cambios cuantitativos o cualitativos de su composición, cambios en su funcionamiento o actividades metabólicas, o bien a cambios en su distribución. La disbiosis puede incrementrar el riesgo de cáncer no solo en el lugar sino incluso a distancia debido a procesos como inflamación de bajo grado a incluso por endotoxemia (manifestaciones clínicas asociadas por una exagerada reacción inflamatoria). E incluso mediante otros mecanismos, como es el caso de algunas especies de Clostridium que pueden producir beta-glucuronidasa, que puede alterar el metabolismo de los estrógenos y eso puede provocar que proliferen determinadas células en tejidos ricos en receptores estrogénicos.

ESTEATOSIS HEPÁTICA ALCOHÓLICA Y BACTERIAS

Hay personas que manifiestan esta patología y que sin embargo se ha comprobado que ni consumen ni han consumido alcohol.

Se han investigado los cambios en la microbiota intestinal y se cree que contribuyen al menos en algunos casos de la enfermedad.

Klebsiella pneumoniae en exceso puede originar esta enfermedad. Es una bacteria que puede produce alcohol en el intestino.

Transplantes fecales o la aplicación de aislados con esta bacteria incrementan el riesgo de esteatosis hepática y al revés.

MÁS MICROBIOTA: CURIOSIDADES

MICROBIOTA Y CAVIDAL ORAL

La cavidad bucal está compuesta por muchas superficies, cada una de las cuales está cubierta por un gran número de bacterias, una especie de biofilm bacteriano. Algunas de estas bacterias han sido implicadas en enfermedades orales como la caries y la periodontitis, que se encuentran entre las infecciones bacterianas más comunes en los seres humanos.

Cada vez hay más pruebas de que la microbiota oral contribuye a las dos enfermedades orales más comunes en el ser humano (la caries dental y las enfermedades periodontales), que presentan importantes factores de riesgo para afecciones de la salud humana, como los tumores, la diabetes mellitus, las enfermedades cardiovasculares, la bacteriemia, el parto prematuro y el bajo peso al nacer en los bebés. Está ampliamente aceptado que los microorganismos orales causan enfermedades principalmente de forma sinérgica o cooperativa, y que las interacciones entre especies dentro de la comunidad oral desempeñan un papel crucial a la hora de determinar si la microbiota oral causa o no enfermedades.

La comprensión de la microbiota oral es una tarea compleja, debido a la gran variedad de hábitats dentro de la cavidad oral y a que esta depende de las concentraciones de oxígeno, la disponibilidad de nutrientes, la temperatura, la exposición a factores inmunológicos y las características anatómicas. Las especies del género Streptococcus se encuentran en una elevada proporción en los tejidos blandos, la saliva y la lengua. Las especies del género Actinomyces se encuentran a nivel supragingival e infragingival y en las fisuras de la lengua. Otras bacterias como Veillonella parvula y Neisseria pueden aislarse en todos los hábitats orales. También puede producirse la colonización intracelular de las células epiteliales de la cavidad oral por complejos bacterianos formados por Aggregatibacter actinomycetemcomitans, Porphyromonas gingivalis y Tannerella forsythia. Estudios recientes han demostrado que la mayoría de los microorganismos orales son cultivables, que el microbioma oral es mucho más diverso de lo que se pensaba, y que las infecciones orales son de naturaleza polimicrobiana.

La cavidad bucal humana constituye el portal de entrada perfecto para los virus y las bacterias del entorno, lo que la convierte en uno de los hábitats más densamente poblados del cuerpo humano. Al contener unos 6000 millones de bacterias y potencialmente 35 veces más virus, la presencia de grandes comunidades de fagos en la cavidad implica la aceleración de la diversidad molecular de sus huéspedes bacterianos y tanto el huésped como el fago mutan para obtener ventajas evolutivas.

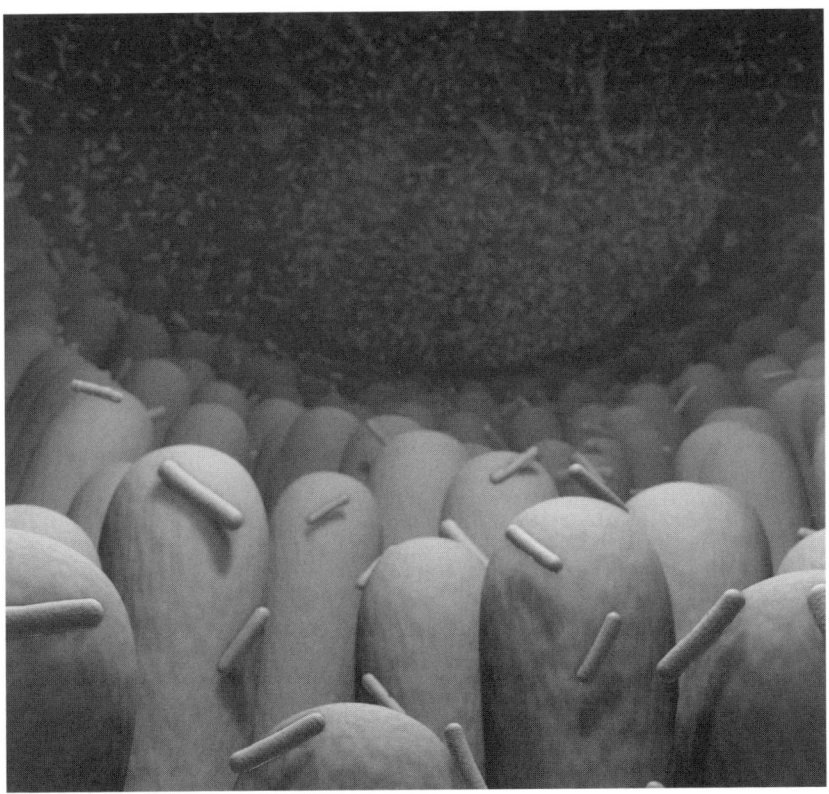

Debido a las peculiaridades de los ecosistemas primarios orales y, especialmente, a la variabilidad, heterogeneidad y cantidad de la microbiota, existen numerosos problemas para conocer su composición microbiana exacta. Se han aislado hasta 200 especies diferentes en una misma cavidad oral a lo largo del tiempo; la mayoría de ellas tendrían la característica de ser transitorias, por lo que solo unas 20 permanecerían como residentes.

Mientras que el componente bacteriano de las comunidades orales ha sido ampliamente caracterizado, el papel de la microbiota fúngica en la cavidad oral es en gran medida desconocido. Las interacciones fúngicas-bacterianas pueden influir en la salud bucodental, como ejemplifica la relación sinérgica entre Candida albicans y los estreptococos orales. Los estudios deben complementarse con investigaciones que utilicen modelos de enfermedades relevantes para probar mecánicamente las asociaciones observadas en los seres humanos y, en última instancia, identificar las interacciones fúngicas-bacterianas que podrían servir como objetivos preventivos o terapéuticos para las enfermedades orales.

MICROBIOTA CUTÁNEA

Más de un millón de microorganismos de al menos 100 especies distintas colonizan nuestra piel. A este conjunto de microorganismos se le conoce con el nombre de microbiota cutánea.

Estos microorganismos que cubren nuestra piel los recibimos de nuestra madre en el nacimiento, y es diferente si nacemos de parto vaginal o por cesárea. A través del parto vaginal, nuestra madre nos traslada toda la microbiota cutánea, a través de la cesárea recibimos una influencia del entorno. La microbiota cutánea va evolucionando con la edad hasta que se estabiliza y cuando lo hace es propia de cada individuo. En nuestra piel tenemos microorganismos residentes, que viven de forma continua e incluso pueden tener efectos beneficiosos, y microorganismos patógenos, que proceden del ambiente y que solo se quedan poco tiempo y que pueden provocar algún tipo de patología o infección en nuestra piel.

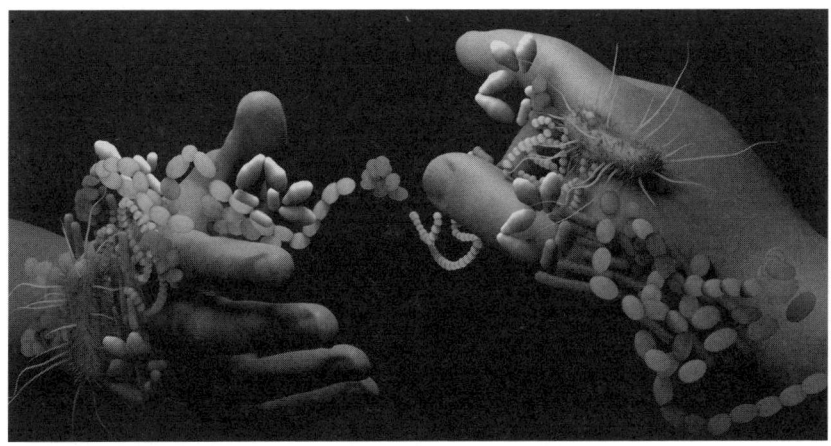

Y es que no se puede negar que, en realidad, nuestra piel es un medio de cultivo y los microorganismos que en ella residen dependen de diferentes factores. Para empezar, de nuestra herencia, pero también de la dieta, estilo de vida y la zona en la que vivimos.

La epidermis juega un papel vital desde el punto de vista defensivo y su función barrera y es imprescindible desde el punto de vista de la inmunidad cutánea. Los microorganismos residentes en ella obstaculizan el desarrollo de bacterias oportunistas porque crean un ambiente hostil para ellas (la llamada interferencia bacteriana), ayudan a descomponer las grasas de la superficie cutánea, favoreciendo la función barrera y además protegen frente a la inmunosupresión que la radiación ultravioleta causa en nuestra piel.

SIN OLVIDAR A LA MICROBIOTA ÍNTIMA

La microbiota vaginal está mayoritariamente compuesta por lactobacilos que ayudan a proteger de las infecciones. Guarda relación con la concentración de hormonas como los estrógenos. Va cambiando a lo largo de las fases de la vida de una mujer (adolescencia, embarazo, menopausia).

La microbiota vaginal está muy relacionada con la microbiota intestinal y de hecho el intestino constituye su «reservorio» principal. La microbiota vaginal asegura una buena salud de la vagina.

HUESOS Y MICROBIOTA

La última década ha sido testigo de una explosión de investigación en el área de cómo las bacterias que habitan en el cuerpo humano afectan a la salud y la enfermedad. Uno de los conceptos más sorprendentes que surgen de este trabajo es la capacidad de la microbiota intestinal para afectar prácticamente a todos los sistemas del cuerpo. Recientemente, se ha prestado más atención al papel de las bacterias intestinales en la salud y la enfermedad de los huesos.

El microbioma intestinal tiene impacto en la salud ósea ya que el eje intestino-hueso puede estar conectado. Existe cada vez una mayor evidencia para sugerir una asociación importante entre la microbiota y la salud ósea. Las líneas de investigación actuales, aunque limitadas, indican claramente que la microbiota intestinal puede estar implicada en el metabolismo óseo y, por lo tanto, una mayor exploración de esta relación es un área de enfoque prometedora en la salud ósea y la investigación de la osteoporosis. Aunque la mayoría de los estudios existentes investigan esta relación utilizando modelos animales, los estudios en humanos son necesarios y están en el horizonte.

Varios son los mecanismos de acción que explicarían esta relación.

En los últimos años se ha desarrollado la osteoinmunología, que nos ha permitido llegar a saber que la regulación del metabolismo del hueso está íntimamente asociada con el sistema inmune. Y es que la activación de la inmunidad innata y adaptativa por medio de las bacterias intestinales puede explicar en gran medida su influencia sobre el hueso.

En la menopausia, las reducción de hormonas sexuales incrementa la permeabilidad intestinal por el debilitamiento de la barrera. En una situación como esta, se produce un incremento de la translocación bacteriana y aumentan los niveles de sustancias proinflamatorias (citosinas) y de endotoxina. Y esta situación deriva en el típico aumento de la resorción ósea tan habitual ante la reducción de los niveles de estrógenos (aunque hay más factores).

Se abre un futuro campo emergente del eje intestino-cerebro-hueso, en el que el intestino impulsa la fisiología ósea a través de la regulación de hormonas clave que se sintetizan originalmente en el cerebro. Se podría valorar el uso de microbios terapéuticos en la modulación de la salud ósea. De hecho, en modelos animales, la ingesta de probióticos permite incrementar la masa ósea y prevenir la pérdida ósea que tiene lugar como consecuencia de la ovariectomía. Y esto ocurre con el empleo de Lactobacillus helveticus y Lactobacilus reuteri 6475. Diferentes mecanismos de acción podrían explicar esto.

RENDIMIENTO DEPORTIVO Y BACTERIAS

> Los microorganismos del tracto gastrointestinal juegan un papel importante en la absorción de nutrientes, la síntesis de vitaminas, la recolección de energía, la modulación inflamatoria y la respuesta inmune del huésped, contribuyendo colectivamente a la salud humana.

Se han establecido factores importantes como la edad, el método de nacimiento, el uso de antibióticos y la dieta como factores formativos que dan forma a la microbiota intestinal. Sin embargo, se describe menos el papel que desempeña el ejercicio, en particular cómo los factores asociados y los factores estresantes, como la dieta específica del deporte / ejercicio, el entorno y sus interacciones, pueden influir en la microbiota intestinal.

En particular, los atletas de alto nivel ofrecen una fisiología y un metabolismo notables (incluida la fuerza / potencia muscular, la capacidad aeróbica, el gasto de energía y la producción de calor) en comparación con los individuos sedentarios, y brindan una visión única de la investigación de la microbiota intestinal.

Además, la microbiota intestinal, con su capacidad para recolectar energía, modular el sistema inmunológico e influir en la salud gastrointestinal, probablemente desempeñe un papel importante en la salud, el bienestar y el rendimiento deportivo de los atletas. Por lo tanto, comprender los mecanismos en los que la microbiota intestinal podría desempeñar el papel de influir en el rendimiento deportivo es de considerable interés para los atletas que trabajan para mejorar sus resultados en la competencia, así como para reducir el tiempo de recuperación durante el entrenamiento. El ejercicio y los factores dietéticos asociados promueven una microbiota intestinal más «asociada a la salud». Tales características incluyen una mayor abundancia de especies bacterianas promotoras de la salud, mayor diversidad microbiana, capacidad metabólica funcional y metabolitos asociados a microbios, estimulación de la abundancia bacteriana que puede modular la inmunidad de las mucosas y una función de barrera gastrointestinal mejorada.

Por ejemplo, algunos estudios muestran cómo los atletas de élite presentan una mayor abundancia de Veillonella (metabolizan el lactato en ácidos grasos de cadena corta) en su microbiota; más aún, en ratones de laboratorio su efecto es incrementar hasta en un 13 % el rendimiento físico.

En cuanto al uso de probióticos en deportistas, la Sociedad Internacional de Nutrición Deportiva ha realizado recientemente una revisión objetiva y crítica de los mecanismos y el uso de suplementos probióticos para optimizar la salud, el rendimiento y la recuperación de los atletas. Con base en la literatura disponible actualmente, las conclusiones son las siguientes:

1. Los probióticos son microorganismos vivos que, cuando se administran en cantidades adecuadas, confieren un beneficio para la salud del huésped (FAO / OMS).
2. Se ha vinculado la administración de probióticos a una multitud de beneficios para la salud, siendo la salud intestinal y la inmunológica las aplicaciones más investigadas.
3. Existen ciertas composiciones de microbiota que parecen reflejar el nivel de actividad del huésped en comparación con las personas sedentarias, y las diferencias están relacionadas principalmente con el volumen de ejercicio y la cantidad de consumo de proteínas.
4. Se desconoce si las diferencias en la composición de la microbiota intestinal afectan la eficacia de los probióticos.
5. La función principal del intestino es digerir los alimentos y absorber los nutrientes. En las poblaciones atléticas, ciertas cepas de probióticos pueden aumentar la absorción de nutrientes clave como los aminoácidos de las proteínas y afectar la farmacología y las propie.dades fisiológicas de múltiples componentes de los alimentos.
6. La depresión inmunológica en los atletas empeora con una carga de entrenamiento excesiva, estrés psicológico, trastornos del sueño, y extremos ambientales, todos los cuales pueden

contribuir a un mayor riesgo de infecciones del tracto respiratorio. En ciertas situaciones, incluida la exposición a multitudes, los viajes al extranjero y la falta de higiene en el hogar, y los lugares de entrenamiento o competencia, la exposición de los atletas a patógenos puede aumentar, lo que aumenta las tasas de infecciones. Aproximadamente el 70 % del sistema inmunológico se encuentra en el intestino y se ha demostrado que la suplementación con probióticos promueve una respuesta inmunitaria saludable. En una población atlética, las cepas probióticas específicas pueden reducir el número de episodios, la gravedad y la duración de las infecciones del tracto respiratorio superior.

7. Se ha demostrado que el ejercicio intenso y prolongado, especialmente en el calor, aumenta la permeabilidad intestinal, lo que potencialmente puede resultar en toxemia sistémica. Las cepas probióticas específicas pueden mejorar la integridad de la función de barrera intestinal en los atletas.

8. La administración de cepas probióticas antiinflamatorias seleccionadas se ha relacionado con una mejor recuperación del ejercicio que daña los músculos.

9. La dosis mínima efectiva y el método de administración (potencia por porción, dosis única versus dosis dividida, forma de administración) de una cepa probiótica específica depende de los estudios de validación para esta cepa en particular. Los productos que contienen probióticos deben incluir el género, la especie y la cepa de cada microorganismo vivo en su etiqueta, así como la cantidad total estimada de cada cepa de probióticos al final de la vida útil del producto, medida por unidades formadoras de colonias (UFC) o células vivas.

10. La investigación preclínica y temprana en humanos ha demostrado posibles beneficios probióticos relevantes para una población atlética que incluyen una composición corporal mejorada y masa corporal magra, normalización de las disminuciones relacionadas con la edad en los niveles de testosterona, reducciones en los niveles de cortisol que indican mejores respuestas a un factor estresante físico o mental, reducción del lactato inducido por el ejercicio y aumento de la síntesis de neurotransmisores, la cognición y el estado de ánimo. Sin embargo, estos beneficios potenciales requieren

validación en estudios humanos más rigurosos y en una población atlética.

La actividad física, el ejercicio o la aptitud física se están estudiando como terapias no farmacológicas útiles para reducir las vías de señalización relacionadas con la inflamación. Los estudios que describen cambios en la microbiota intestinal han indicado que la actividad física podría aumentar la variación microbiana y mejorar la proporción de Firmicutes / Bacteroidetes, y ambas acciones podrían neutralizar la progresión de la obesidad y disminuir el peso corporal. La promoción de la actividad física podría ayudar como tratamiento para mantener la composición de la microbiota intestinal o restablecer el equilibrio hacia una mejora de la disbiosis en la obesidad; sin embargo, estos mecanismos deben estudiarse con más detalle.

La oportunidad de controlar la microbiota mediante la actividad física para mejorar los resultados de salud y disminuir la obesidad y las comorbilidades relacionadas es muy atractiva.

LA MICROBIOTA Y EL PESO

Algunos estudios concluyen que tener una determinada microbiota supone un mayor riesgo de padecer sobrepeso y obesidad.

A veces no valoran la circunstancia de que sea al revés: es decir, que dado de que las personas con exceso de grasa corporal suelen tener unos hábitos alimentarios menos saludables, y dado que el tipo de alimentación influye en el tipo de microbiota, lo que ocurre es que su tipo de microbiota está condicionada por ese tipo de alimentación menos saludable.

Posteriormente se han publicado estudios donde este hecho se ha tenido en cuenta y para ello se utilizó microbiota de gemelos (uno de los dos era obeso) implantándolas en ratones. Se vio que efectivamente la microbiota ayudaba a adelgazar.

Pero se observó también que esto era así si se seguían dietas normocalóricas o hipocalóricas, pero si no, no. Quiere esto decir que entonces algo sí que influye la microbiota en el peso, pero no tanto como algunos nos hacían creer, ya que vemos cómo otros factores incluyen, y mucho, por ejemplo, la dieta (como era de sentido común desde el principio).

Muchos estudios sobre microbioma se basan en ratones sin gérmenes (ya que así es más fácil instaurarles los microorganismos que deseamos) pero evidentemente unos ratones sin gérmenes para nada representan un estado de normalidad (tanto es así que sufren problemas de salud precisamente por este hecho) y, por tanto, es posible que no sirvan de ejemplo para predecir la respuesta que a la microbiota que se les implanta tendrían los ratones normales con microbioma normal. No solo eso, sino que el microbioma de los roedores es bastante diferente a la del ser humano y quizás por tanto no sea extrapolable.

Por lo tanto, parece existir una cierta relación entre el peso corporal y la microbiota, pero como no hay muchos estudios en humanos y de los que hay la mayoría son observacionales, aún no disponemos de suficiente evidencia científica para concluir si el tipo de microbiota es la causa o bien la consecuencia de que se modifique el peso de la persona.

Prueba de que no es tan fácil es que grupos de investigación diferentes han llegado a conclusiones diferentes. Y en este sentido para poder realizar conclusiones se requieren más y mejores ensayos clínicos en humanos.

Quiere esto decir que la microbiota tiene su importancia, que seguro que influye en numerosos aspectos de nuestra salud y que puede tener un cierto efecto en el peso, pero que seguro que no sirve para todo, que no es mágica en ninguna situación y que es simplemente un factor más, no EL FACTOR. Los milagros no existen.

Los avances en los campos de la genómica y la metagenómica han permitido identificar también a microorganismos menos abundantes en la microbiota, y también a los no cultivables, lo cual ha permitido un estudio más exhaustivo de los cambios en el equilibrio de la microbiota, que pueden generar como consecuencia algunos problemas como inflamación del tejido adiposo (lo cual genera alteraciones en el proceso de diferenciación de los preadipocitos) o un incremento del agua extracelular.

LA MICROBIOTA VARÍA CON LA EDAD

El potencial de la microbiota intestinal para afectar la salud tiene una relevancia particular para las personas mayores. Esto se debe a que la microbiota puede modular los cambios relacionados con el envejecimiento en la inmunidad innata, la sarcopenia y la función cognitiva, todos los cuales son elementos de fragilidad. Tanto los estudios independientes como los dependientes de cultivos celulares muestran que la microbiota intestinal de las personas mayores difiere de la de los adultos más jóvenes. No existe un umbral cronológico o una edad a la que la composición de la microbiota se altere repentinamente; más bien, los cambios ocurren gradualmente con el tiempo.

La microbiota varía con la edad, la atención residencial a largo plazo, la dieta habitual y el grado de retención de un microbioma central. Estamos comenzando a comprender cómo estos grupos cambian con el envejecimiento y cómo se relacionan con los fenotipos clínicos. Estos datos proporcionan un marco para analizar las asociaciones entre la microbiota y la salud, distinguir la correlación de la causalidad, identificar la interacción de la microbiota con los procesos de envejecimiento fisiológico y desarrollar una vigilancia de la salud basada en la microbiota para los adultos mayores.

Con el avance de la edad cronológica, la microbiota intestinal se vuelve más diversa y variable. Sin embargo, cuando se utilizan medidas de edad biológica con ajuste por edad cronológica, la riqueza general disminuye, mientras que un cierto grupo de bacterias asociadas con la fragilidad aumenta. Esto resalta la importancia de considerar medidas biológicas o funcionales del envejecimiento. Los estudios que utilizan organismos modelo indican que la disbiosis intestinal relacionada con la edad puede contribuir a un envejecimiento no saludable y una menor longevidad.

El microbioma intestinal depende de las vías de señalización de los nutrientes del huésped para sus efectos beneficiosos sobre la salud y la vida útil del huésped, y la disbiosis intestinal que interrumpe la interdependencia puede disminuir los efectos beneficiosos o incluso tener efectos inversos.

La disbiosis intestinal puede desencadenar la respuesta inmune innata y la inflamación crónica de bajo grado, lo que lleva a muchas patologías degenerativas relacionadas con la edad y al envejecimiento no saludable. La microbiota intestinal se comunica con el huésped a través de diversas biomoléculas, vías independientes de la señalización de nutrientes y mecanismos epigenéticos. La alteración de estas comunicaciones por disbiosis intestinal relacionada con la edad puede afectar la salud y la vida útil del huésped. Esto puede explicar el impacto del microbioma intestinal en la salud y el envejecimiento.

ENVEJECIENDO CON LA MICROBIOTA

La persona que envejece mantiene una composición bastante estable de la micobiota entre los 30 y los 70 años de vida, aunque la capacidad funcional de la micobiota puede ir disminuyendo. Sin embargo, muchos factores pueden contribuir a los cambios. Entre ellos, el tipo de dieta y su variabilidad, ciertas enfermedades, algunos fármacos como los antibióticos, etc. A la inversa, los cambios en la microbiota también influyen en varios parámetros relacionados con la salud. A mayor edad, aumenta la variabilidad en la composición y las pérdidas en su actividad. Esta extraordinaria variabilidad en la composición de la microbiota humana no solo deriva de factores directamente biológicos, sino que también está condicionada por una amplia gama de otros factores, como la geografía y el entorno físico del individuo.

La microbiota puede ser afectada por muchos factores, algunos de ellos ligados a los cambios fisiológicos que se producen con la edad, pero en mayor medida por algunas enfermedades, el uso de determinados fármacos, los cambios en el tipo y composición de la dieta, el estrés, etc. Eran cambios con efectos metabólicos en algunos casos poco conocidos y apenas estudiados hasta entonces. Influyeron en la mejor o peor absorción de ciertas sustancias, en la acción de los fármacos, en la respuesta inmune a las infecciones y quizás también en la carcinogénesis.

Nuestra microbiota, sobre todo la intesinal, es tremendamente dinámica. Las colonias de gérmenes cambian constantemente debido a múltiples factores, la mayoría de ellos relacionados con los aspectos mencionados en el párrafo anterior. Además, condicionan nuestro estado físico e influyen en la salud y la enfermedad. Los procedimientos utilizados para comprobar esta realidad han sido y son muy variados. Uno muy importante ha sido la implementación de métodos de secuenciación masiva y la aplicación de modelos matemáticos para interpretarlos.

Con el envejecimiento, la diversidad de gérmenes presentes en la microbiota es limitada. Aunque no hay unanimidad al respecto, parece que disminuyen los Firmicutes, Bifidobacterias (bacteroides), Fecalibacterium, Prausnitzii, Blautia, mientras que aumentan las enterobacterias, Bacteroidetes, anaerobios en general y, dentro de ellos, Clostridium. La variabilidad interindividual es mucho mayor a medida que se envejece y, además de los factores clásicos mencionados (estado de salud, estado nutricional, dieta, fármacos, etc.), se ha demostrado que, en combinación con todo lo anterior, existen importantes diferencias entre los sujetos sanos que viven en casa y los institucionalizados en hospitales y residencias de ancianos, así como diferencias ligadas al estilo de vida previo de cada persona. La composición, la función y la estabilidad de la microbiota se modifican, y existe una fuerte correlación entre estos cambios y los marcadores de fragilidad e inflamación.

Los cambios asociados al envejecimiento pueden estar influidos en gran medida por los factores asociados ya mencionados. En cualquier caso, la actividad proteolítica aumenta en la vejez, mientras que se reduce la capacidad de biosíntesis de la vitamina B12 y la biosíntesis y actividad de las reductasas bacterianas. La posibilidad de dañar el ADN se acentúa. La respuesta al estrés se ve afectada y la capacidad de respuesta del sistema inmunitario también se reduce.

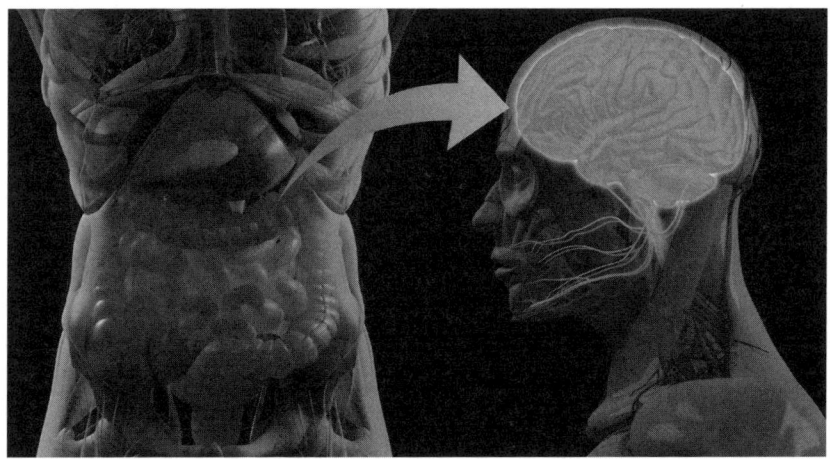

En la edad avanzada, hay pruebas de que la microbiota contribuye a regular el peso del individuo, de que está implicada en la enfermedad inflamatoria intestinal, así como en la aparición de ciertos cánceres (colon, estómago, próstata) e incluso en la de algunas enfermedades metabólicas y, más positivamente, de que una microbiota estable contribuye a mantener un buen estado de salud. En definitiva, se correlaciona bien con la dieta, la residencia, el nivel de inflamación y la fragilidad, así como con diversas enfermedades, y la literatura confirma que existen posibilidades de intervención.

Las enfermedades que afectan al tracto intestinal y que pueden provocar cambios en la composición de la microbiota son la colitis ulcerosa y la enfermedad de Crohn. Las enfermedades metabólicas incluyen la diabetes mellitus de tipo 2 y la obesidad. También las infecciones localizadas en cualquier parte de nuestro organismo a través, sobre todo, de la acción directa de los antibióticos utilizados..

La dieta juega un papel preponderante en el tipo de colonización del intestino. Lo hace desde el principio de la vida. El intestino del bebé intrauterino es estéril, pero en cuanto cruza el canal del parto adquiere los gérmenes que constituirán su propia microbiota. A partir de ese momento, comienza una diversificación que dependerá, sobre todo, de factores ligados al tipo de leche con la que se nutra (materna o no) y a su posterior alimentación. Esta microbiota instalada en la infancia determina la estabilidad en la composición de la microbiota adulta, y sus cambios condicionan en parte los que aparecerán en la vejez. Después de la infancia, durante la vida adulta, la microbiota intestinal tiende a mantenerse estable y, como se ha mencionado anteriormente, genera una inestabilidad progresivamente más acentuada durante la vejez, vinculada también, sobre todo, a los cambios en los hábitos alimentarios que se producen en esta etapa de la vida.

La dieta (cualquier dieta) proporciona nutrientes tanto al huésped como a las bacterias. La microbiota tiene una enorme cantidad de enzimas degradantes y una capacidad metabólica muy amplia (más que el huésped). En este sentido, muchos carbohidratos y proteínas difíciles de digerir llegan al colon y son metabolizados por su microbiota.

El impacto de la dieta puede ser causado por el exceso o la deficiencia de nutrientes. Esta «disbiosis» se ha demostrado tanto en roedores como en humanos, de modo que la dieta y la microbiota interactúan entre sí, ya sea directamente o alterando la fisiología normal del organismo. Este fenómeno es especialmente acusado, como se ha señalado, en la infancia y la vejez, y está modulado por muchos factores, entre ellos los condicionantes ambientales por los que pasa la vida del individuo.

Nuestra microbiota modula el proceso de envejecimiento. En cualquier caso, muchas respuestas no siempre son claras y abren la puerta a otras posibles interpretaciones.

ASERTIVIDAD Y RESILIENCIA

«Si juzgas a las personas, no tendrás tiempo para amarlas».
Madre Teresa de Calcuta

Hay procesos muy intensos y emociones muy desgarradoras. Saber pedir ayuda es otra buena estrategia para procesar momentos incómodos de la vida que, si son adecuadamente gestionados, pueden derivar en grandes descubrimientos y crecimientos personales. Algunos de estos procesos traen consigo grandes cambios y oportunidades de vida.

Cuando aprendemos a conectar con nosotros mismos nos alejamos del autojuicio, puesto que aceptamos los procesos emocionales como parte de la experiencia de vivir.

Permitirnos fluir con las emociones no tiene nada que ver con quedarnos atrapados/as en el análisis de los pensamientos, de las emociones, de los sucesos... ¡no! Se trata de transitarlos para liberarlos, de tal modo que mantenemos la autonomía sobre nuestras acciones, ya que todo lo que se reprime acaba tomando el control de un modo u otro.

Al volvernos más compasivos (que no es sinónimo de permisivos ni conformistas) con nosotros/as mismos/as, dejamos de juzgar tan duramente a los demás. Etiquetamos menos al resto de personas. Acabamos siendo más resilientes, más empáticos/as y, por ende, más asertivos/as.

Desligarnos de los juicios y prejuicios nos aporta una visión del mundo mucho más abundante y enriquecedora, donde impera nuestra responsabilidad para hacer realidad nuestros deseos. **Desaparece el sentimiento de indefensión y de impotencia.**

> Contar con nosotros mismos, ser nuestros mejores aliados, dar atención a nuestro yo interior, aprender a autorregular nuestras emociones... Todo ello nos devuelve el mayor poder real que puede ostentar un ser humano: la libertad.

Libertad no es depender de una pastilla para dormir, no es depender de una copa de vino para reír, ni de disponer de un alimento sabroso y excesivamente calórico, para sentirnos reconfortados e inhibir carencias «en momentos de bajón». Tampoco es dejar tiritando la tarjeta de crédito para sentir cómo la autoestima sube unos instantes a lo más alto, antes de volver a caer durante días hasta la nueva adquisición. **La libertad reside en el poder interior con el que nos relacionamos con nuestra experiencia de vida, de forma consciente, de forma real.**

> Cómo nos relacionamos con los demás es un claro indicador de cómo lo estamos haciendo con nuestro organismo.

Las personas libres no necesitan dominar a otras para sentirse importantes, no necesitan dañar a otras para sentirse fuertes, no necesitan compararse con otras para sentirse compadecidas, no necesitan juzgar a los demás para sentirse mejores, no necesitan perder su consciencia para sentirse bien.

Una persona libre ostenta su poder y con ese poder crea la vida y el mundo que desea en base a los valores que respetan la existencia del prójimo. No hay poder auténtico sin libertad auténtica y no hay libertad auténtica sin consciencia. Y no hay consciencia auténtica sin respeto al resto de seres vivos.

Es importante que la humanidad sane y actualice su versión por una más consciencia y más real, más auténtica.

Y es que la asertividad es imprescindible para una buena convivencia social. Muchas veces, cuando se habla de bienestar, olvidamos que el **deseo de pertenencia** es una de las necesidades vitales más importantes del ser humano. Olvidamos, también, que la calidad de nuestras relaciones es imprescindible para mantener un estado de bienestar real. ¿Cuántas veces una discusión o una mala relación con un compañero de trabajo ha derivado en un estado de angustia tan intenso que hemos acabado poniéndonos enfermos?

> Por ello, la asertividad es básica y es que no debemos subestimar el gran poder de la palabra.

La asertividad es la **capacidad que tenemos las personas para expresar de forma libre nuestra opinión**. Es la habilidad de comunicarnos de un modo **directo, amable, respetuoso y adecuado** con el objetivo de facilitar nuestro mensaje **sin violentar a nuestro receptor**.

En la comunicación asertiva, la forma de argumentar cuando expresamos una opinión o razonamiento propio debe estar desprovista de cualquier rasgo verbal o gestual de agresividad y estar alejada de una intención impositiva. Podemos decir que la **actitud empática** es una buena aliada a la hora de practicar una comunicación asertiva.

Ser objetivos y no caer en suposiciones infundadas y no perder de vista el **objetivo último** de nuestro mensaje, el propósito o intención. Estas son algunas de las recomendaciones que pueden llegar a sernos muy útiles en el paradójico mundo de la actual **«conexión sin presencia»**.

Tengamos muy presente que en la práctica de la asertividad entran en juego la **autoestima**, la **confianza** en uno mismo y las **habilidades sociales** de las que dispongamos a la hora de comunicar un deseo, una opinión, hacer una petición, etc.

Según Andrew Salter (1914-1996), terapeuta pionero en este campo, la asertividad es un aspecto de la personalidad que se puede aprender y practicar.

Podemos decir que esta forma de comunicarnos es más espontánea y fácil de poner en práctica cuando tenemos integrado el hábito del mindfulness, ya que nuestra mente ejercita mucho más la atención, la conexión con nuestro «mundo interior» y nos resulta más sencillo aplicar la calma en momentos de tensión, estrés y ansiedad. Nuestro cerebro está más entrenado en el lenguaje y la comunicación asertiva. Y este «entrenamiento» no solo nos facilita la relación con los demás, sino que mejora la comunicación interna e íntima que tenemos con nosotros mismos. Por supuesto, todo esto se traduce, una vez más, en **una mejor calidad de vida.**

También, en el ámbito clínico, en la **gestión de los equipos sanitarios y la relación entre sanitario y paciente** se han reconocido importantes beneficios proporcionados por la práctica habitual de mindfulness. La empatía, la comprensión, el desarrollo de las habilidades sociales, la capacidad de compasión hacia los pacientes, aumenta con la práctica habitual de técnicas de mindfulness. Por otro lado, la comunicación es mucho más efectiva, por parte de los pacientes, a la hora de reconocer con mayor facilidad sus sensaciones e identificar sus estados tanto físicos como anímicos.

A su vez, parece evidente suponer que este tipo de comunicación resulta ser la más habitual, dada su eficacia, en las sesiones de coaching con clientes que desean mejorar sus hábitos de alimentación, por ejemplo. Podríamos decir que es uno de los pilares básicos de cualquier sesión de coaching profesional que se precie.

RESILIENCIA...

Hay una frase que nos gusta mucho repetir: «ten el coraje de reconocerte vulnerable». Sin duda, es incómodo, pero no hemos conocido un gesto tan generoso y sanador para uno mismo.

Y aquí es donde, más que nunca, entra en juego nuestra actitud resiliente.

La resiliencia consiste en la capacidad de adaptación o superación de una persona ante una situación traumática o adversa con la particularidad añadida de conseguir obtener «resultados positivos» de dicha experiencia.

Importantes investigadores de la psicología positiva han desarrollado interesantes estudios sobre la resiliencia. Y muchos de ellos afirman que la práctica del mindfulness favorece nuestra capacidad de resiliencia ante los sucesos que experimentamos a lo largo de nuestras vidas. El autocuidado y la autorregulación emocional que desarrollamos gracias a esta práctica tienen mucho que ver en ello.

De nuevo, en este punto, recordemos que vulnerable no es sinónimo de débil. Sentir la vulnerabilidad **nos permite actualizar nuestra versión. Reconocernos vulnerables nos da acceso al cambio porque no hay cambio sin sensación de vulnerabilidad.** No hay versión nueva de software sin acceso a la red. **La vulnerabilidad consciente nos permite convertir nuestras mayores debilidades en las mejores fortalezas, pero para ello la confianza y la presencia son necesarias.**

¡¡Gracias por tu valiosa atención!!

BIBLIOGRAFÍA

BIBLIOGRAFÍA MICROBIOTA

Akbari E, Asemi Z, Daneshvar Kakhaki R, Bahmani F, Kouchaki E, Tamtaji OR, et al. Effect of probiotic supplementation on cognitive function and metabolic status in Alzheimer's disease: a randomized, double-blind and controlled trial. Front Aging Neurosci 2016; 8: 256.

Albenberg LG, Wu GD. Diet and the intestinal microbiome: associations, functions, and implications for health and disease. Gastroenterology 2014;146(6):1564-72.

Alonso, M. (2021) 'Microbiota y Salud'. Available at: https://www.esi.academy/curso-gratuito-microbiota-salud (Accessed: 20 July 2021).

Álvarez, J. et al. (2021) 'Microbiota intestinal y salud', Gastroenterología y Hepatología, 44(7), pp. 519–535. doi: 10.1016/j.gastrohep.2021.01.009.

Angelucci F, Cechova K, Amlerova J, Hort J. Antibiotics, gut microbiota, and Alzheimer's disease. J Neuroinflammation. 2019 May 22;16(1):108.

Anne Abot, Eve Wemelle, Claire Laurens, Adrien Paquot, Nicolas Pomie, Deborah Carper, Arnaud Bessac, Xavier Mas Orea, Christophe Fremez, Maxime Fontanie, Alexandre Lucas, Jean Lesage, Amandine Everard, Etienne Meunier, Gilles Dietrich, Giulio G Muccioli, Cedric Moro,

Arlet contra Nedeltcheva, Jennifer M Kilkus, Jacqueline Imperial, Dale A Schoeller, Plamen D Penev, Insufficient sleep undermines dietary efforts to reduce adiposity. Annals of Internal Medicine, 2010.

Arumugam M, Raes J, Pelletier E, Le Paslier D, Yamada T, Mende DR, et al. Enterotypes of the human gut microbiome. Nature 2011;473:174-80.

Berrill, J.W., Gallacher, J., Hood, K., Green, J.T., Matthews, S.B., Campbell, A.K. & Smith, A. (2013) Un estudio observacional de la función cognitiva en pacientes con síndrome del intestino irritable y enfermedad inflamatoria intestinal. Neurogastroenterol Motil 25, 918–704.

Bisgaard H, Li N, Bonnelykke K, Chawes BL, Skov T, Paludan-Müller G, Stokholm J, Smith B, Krogfelt KA. Reduced diversity of the intestinal microbiota during infancy is associated with increased risk of allergic disease at school age. J Allergy Clin Immunol. 2011;128:646–652.e1-5.

Borgeraas H, Johnson LK, Skattebu J, Hertel JK, Hjelmesæth J. Effects of probiotics on body weight, body mass index, fat mass and fat percentage in subjects with overweight or obesity: a systematic review and meta-analysis of randomized controlled trials. Obesity Reviews 2018;19:219-32.

Borre YE, O'Keeffe GW, Clarke G et al. Microbiota and neurodevelopmental Windows: implications for brain disorders. Trends Mol Med. 2014; 20(9): 509-18.

Choi JH, Lee B, Lee JY, Kim CH, Park B, Kim DY, et al. Relationship between Sleep Duration, Sun Exposure, and Serum 25-Hydroxyvitamin D Status: A Cross-sectional Study. Sci Rep. 2020.

Claesson MJ, Jeffery IB, Conde S, Power SE, O'Connor EM, Cusack S, et al. Gut microbiota composition correlates with diet and health in the elderly. Nature 2012;488:178-84.

D'Amelio P, Sassi F. Gut Microbiota, Immune System, and Bone. Calcif Tissue Int. 2018 Apr;102(4):415-425.

David LA, Maurice CF, Carmody RN, Gootenberg DB, Button JE, Wolfe BE, et al. Diet rapidly and reproducibly alters the human gut microbiome. Nature 2014;505:559-63.

De Filippo C, Cavalieri D, Di Paola M, Ramazzotti M, Poullet JB, Massart S, et al. Impact of diet in shaping gut microbiota revealed by a comparative study in children from Europe and rural Africa. PNAS 2010;107:14691-6.

De-Filippis F, Vitaglione P, Cuomo R, Canani RB, Ercolini D. Dietary interventions to modulate the gut microbiome. How far away are we from Precision Medicine. Inflamm Bowel Dis April 2018. DOI: 10.1093/ibd/izy080

Douglas, J. A., Deighton, K., Atkinson, J. M., Sari-Sarraf, V., Stensel, D. J., & Atkinson, G. (2016). Acute Exercise and Appetite-Regulating Hormones in Overweight and Obese Individuals: A Meta-Analysis. Journal of obesity, 2016, 2643625.

Domínguez-Bello MG, Blaser MJ, Ley RE, Knight R. Development of the human gastrointestinal microbiota and insights from high-throughput sequencing. Gastroenterology 2011;140(6):1713-9.

Fan, M., Sun, D., Zhou, T., Heianza, Y., Lv, J., Li, L., & Qi, L. (2019). Sleep patterns, genetic susceptibility, and incident cardiovascular disease: a prospective study of 385 292 UK biobank participants. European Heart Journal.

Ferreira CM, Vieira AT, Vinolo MA, Oliveira FA, Curi R, Martins Fdos S. The central role of the gut microbiota in chronic inflammatory diseases. J Immunol Res. 2014;2014:689492.

Gabriel Natan Pires, Andreia Gomes Bezerra, Sergio Tufik, Monica Levy Andersen, Effects of acute sleep deprivation on state anxiety levels: a systematic review and meta-analysis, Sleep Medicine, Volume 24, 2016.

Gangwisch JE. A review of evidence for the link between sleep duration and hypertension. Am J Hypertens. 2014.

Gomaa EZ. Human gut microbiota/microbiome in health and diseases: a review. Antonie Van Leeuwenhoek. 2020 Dec;113(12):2019-2040.

Gómez-Eguílaz, M. et al. (2019) 'El eje microbiota-intestino-cerebro y sus grandes proyecciones'. Available at: http://www.neurologia.com/articulo/2018223 (Accessed: 11 July 2021).

González-Ortiz A, López-Bautista F, Valencia-Flores M, Espinosa Cuevas Á. Partial sleep deprivation on dietary energy intake in healthy population: a systematic review and meta-analysis. Nutr Hosp. 2020 Oct 21.

Guarner F. Dieta y microbiota. En: Álvarez-Calatayud G, Marcos A, Margollés A (Eds.). Probióticos, prebióticos y salud: Evidencia científica. Madrid: Ergon; 2016. pp. 77-81.

Heredia, B. de and Rosario, M. (2017) 'Microbiota autóctona', Farmacia Profesional, 31(2), pp. 17–21.

Human Microbiome Project Consortium. Structure, function and diversity of the healthy human microbiome. Nature. 2012;486:207–214.

Hunter MR, Gillespie BW, Chen SY-P. Urban Nature Experiences Reduce Stress in the Context of Daily Life Based on Salivary Biomarkers. Front Psychol. 2019.

Ian Miller. The gut–brain axis: historical reflection, 2018, Microbial Ecology in Health and Disease, 29 (2).

Itani O, Jike M, Watanabe N, Kaneita Y. Short sleep duration and health outcomes: a systematic review, meta-analysis, and meta-regression. Sleep Med [Internet]. 2017.

John F. Cryan, Kenneth J. O'Riordan, Caitlin S. M. Cowan, Kiran V. Sandhu, Thomaz F. S. Bastiaanssen, Marcus Boehme, Martin G. Codagnone, Sofia Cussotto, Christine Fulling, Anna V. Golubeva, Katherine E. Guzzetta, Minal Jaggar, Caitriona M. Long-Smith, Joshua M. Lyte, Jason A. Martin, Alicia Molinero-Perez, Gerard Moloney, Emanuela Morelli, Enrique Morillas, Rory O'Connor, Joana S. Cruz-Pereira, Veronica L. Peterson, Kieran Rea, Nathaniel L. Ritz, Eoin Sherwin, Simon Spichak, Emily M. Teichman, Marcel van de Wouw, Ana Paula Ventura-Silva, Shauna E. Wallace-Fitzsimons, Niall Hyland, Gerard Clarke, and Timothy G. Dinan. The Microbiota-Gut-Brain Axis, American Physiological review, 2019, 99 (4): 1877 – 2013.

Karen-Anne McVey Neufeld, John Bienenstock, Aadil Bharwani, KevinChampagne-Jorgensen, YuKang Mao, ChristineWest, Yunpeng Liu, MichaelG. Surette, Wolfgang Kunze, Paul Forsythe. Oral selective serotonin reuptake inhibitors activate vagus nerve dependent gut-brain signalling, Scientific reports, 2019, 9, 14290.

Karine Spiegel, Esra Tasali, Plamen Penev, et al. Brief Communication: Sleep Curtailment in Healthy Young Men Is Associated with Decreased Leptin Levels, Elevated Ghrelin Levels, and Increased Hunger and Appetite. Ann Intern Med.2004. [Epub ahead of print 7 December 2004].

Karlsson F, Tremaroli V, Nielsen J, Bäckhed F. Assessing the human gut microbiota in metabolic diseases. Diabetes. 2013;62:3341–3349.

Kelley, G. A., & Kelley, K. S. (2017). Exercise and sleep: a systematic review of previous meta-analyses. Journal of evidence-based medicine.

Kennedy PJ, Cryan JF, Dinan TG, Clarke G. Irritable bowel syndrome: a microbiome-gut-brain axis disorder? World J Gastroenterol. 2014;20:14105–14125.

Knutson, K.L. and Van Cauter, E. (2008), Associations between Sleep Loss and Increased Risk of Obesity and Diabetes. Annals of the New York Academy of Sciences.

Lagier JC, Armougom F, Million M, Hugon P, Pagnier I, Robert C, Bittar F, Fournous G, Gimenez G, Maraninchi M, et al. Microbial culturomics: paradigm shift in the human gut microbiome study. Clin Microbiol Infect. 2012;18:1185–1193.

Lagier JC, Hugon P, Khelaifia S, Fournier PE, La Scola B, Raoult D. The rebirth of culture in microbiology through the example of culturomics to study human gut microbiota. Clin Microbiol Rev. 2015;28:237–264.

Le Chatelier E, Nielsen T, Qin J, Prifti E, Hildebrand F, Falony G, et al. Richness of human gut microbiome correlates with metabolic markers. Nature 2013;500:541-6.

Leproult R, Holmbäck U, Van Cauter E. Circadian misalignment augments markers of insulin resistance and inflammation, independently of sleep loss. Diabetes. 2014.

Ley RE, Hamady M, Lozupone C, Turnbaugh PJ, Ramey RR, Bircher JS, et al. Evolution of mammals and their gut microbes. Science 2008;320(5883):1647-51.

Patterson E, Ryan PM, Cryan JF, Dinan TG, Ross RP, Fitzgerald GF, Stanton C. Gut microbiota, obesity and diabetes. Postgrad Med J. 2016 May;92(1087):286-300.

Lin, X., Chen, W., Wei, F., Ying, M., Wei, W., & Xie, X. (2015). Night-shift work increases morbidity of breast cancer and all-cause mortality: A meta-analysis of 16 prospective cohort studies. Sleep Medicine.

Mah, J., & Pitre, T. (2021). Oral magnesium supplementation for insomnia in older adults: a Systematic Review & Meta-Analysis. BMC complementary medicine and therapies.

Matenchuk BA, Mandhane PJ, Kozyrskyj AL. Sleep, circadian rhythm, and gut microbiota. Sleep Med Rev. 2020 Oct;53:101340.

Meng C, Bai C, Brown TD, Hood LE, Tian Q. Human Gut Microbiota and Gastrointestinal Cancer. Genomics Proteomics Bioinformatics. 2018 Feb;16(1):33-49.

Mestre ZL, Melhorn SJ, Askren MK, et al. Effects of anxiety on caloric intake and satiety-related brain activation in women and men. Psychosom Med., 2016.

M. Gómez-Eguílaz, J.L. Ramón-Trapero, L. Pérez-Martínez, J.R. Blanco. El eje microbiota – intestino - cerebro y sus grandes proyecciones, Neurologia.com, 2019, 68 (03): 11-117.

Moreno, M., Valladares-García, J. and Halabe-Cherem, J. (2018) 'Microbioma Humano.pdf', p. 19.

Nicolien C. d , Clercqun, Myrthe N. Frissen, Evgeni Levin, Marcos David, Jorn Hartman, Andréi Prodán, Hilde Herrema, Alberto K. Groen, Johannes A. Romijn, MaxNieuwdorp. The effect of having Christmas dinner with in-laws on gut microbiota composition, Human microbioma Journal, 2019, 13: 100058.

Ottman, N. et al. (2012) 'The function of our microbiota: who is out there and what do they do?', Frontiers in Cellular and Infection Microbiology, 2, p. 104. doi: 10.3389/fcimb.2012.00104.

Patrice D Cani, Claude Knauf. I dentification of new enterosynes using prebiotics: roles of bioactive lipids and mu-opioid receptor signalling in humans and mice, Gut, 2021, 70 (6).

Qin J, Li R, Raes J, Arumugam M, Burgdorf KS, Manichanh C, Nielsen T, Pons N, Levenez F, Yamada T, et al. A human gut microbial gene catalogue established by metagenomic sequencing. Nature. 2010;464:59–65.

Rajilić-Stojanović M, de Vos WM. The first 1000 cultured species of the human gastrointestinal microbiota. FEMS Microbiol Rev. 2014;38:996–1047.

Requena T, Martínez-Cuesta MC, Peláez C. Diet and microbiota linked in health and disease. Food Funct 2018;9:688-704.

R M Quieting, T G Dinan,J F Cryan. Microbial genes, brain & behaviour - epigenetic regulation of the gut-brain axis. Genes Brain Behav, 2014 Jan;13(1):69-86.

Rodríguez JM. The Origin of Human Milk Bacteria: Is There a Bacterial Entero-Mammary Pathway during Late Pregnancy and Lactation? Advances in Nutrition 2014;5:779-84.

Romdhani M, Hammouda O, Chaabouni Y, Mahdouani K, Driss T, Chamari K, et al. Sleep deprivation affects post-lunch dip performances, biomarkers of muscle damage and antioxidant status. Biol Sport [Internet]. 2019.

Sebastián-Domingo, J.-J. et al. (2018) 'De la flora intestinal al microbioma', Revista Española de Enfermedades Digestivas, 110(1), pp. 51–56. doi: 10.17235/reed.2017.4947/2017.

Sekirov I, Russell SL, Antunes LC, Finlay BB. Gut microbiota in health and disease. Physiol Rev. 2010;90:859–904.

Shahrad Taheri, Ling Lin, Diane Austin, Terry Young, Emmanuel Mignot. Short sleep duration is associated with reduced leptin, elevated ghrelin, and increased body mass index. Plos medicine, 2004.

Schnorr SL, Candela M, Rampelli S, Centanni M, Consolandi C, Basaglia G, et al. Gut microbiome of the Hadza hunter-gatherers. Nat Commun 2014;5:3654.

Spiegel K, Tasali E, Penev P, Van Cauter E. Brief communication: Sleep curtailment in healthy young men is associated with decreased leptin levels, elevated ghrelin levels, and increased hunger and appetite. Ann Intern Med. 2004.

Stonerock, G. L., Hoffman, B. M., Smith, P. J., & Blumenthal, J. A. (2015). Exercise as Treatment for Anxiety: Systematic Review and Analysis. Annals of behavioral medicine: a publication of the Society of Behavioral Medicine.

Strandwitz P. Neurotransmitter modulation by the gut microbiota. Brain Res. 2018 Aug 15;1693(Pt B):128-133.

Tofalo, R., Cocchi, S. and Suzzi, G. (2019) 'Polyamines and Gut Microbiota', Frontiers in Nutrition, 0. doi: 10.3389/fnut.2019.00016.

Wu GD, Chen J, Hoffmann C, Bittinger K, Chen YY, Keilbaug SA, et al. Linking long-term dietary patterns with gut microbial enterotypes. Science 2011;334:105-8.

Zhu B, Shi C, Park CG, Zhao X, Reutrakul S. Effects of sleep restriction on metabolism-related parameters in healthy adults: A comprehensive review and meta-analysis of randomized controlled trials. Sleep Med Rev [Internet]. 2019.

BIBLIOGRAFÍA ALIMENTACIÓN CONSCIENTE

Aguado, L. Emoción, afecto y motivación. Cap. 1: Introducción al estudio de la emoción. Alianza: Madrid, 2005.

Alonso, R., Abreu, P., Morera, A.: «La glándula pineal». HUMANA, 1999.

Amy Brann: «Neuroscience for coaches». Ed. Kogan Page Limited, 2015.

Argyle, Michael, y Kendon, Adam: «The experimental analysis of social performance». Advances in Experimental Social Psychology, 1967.

Ashby, William Ross: Design for a Brain. The Origine of Adaptative Behaviour. Chapman & Hall, 1952.

Baars, B. J.: In the Theater of Consciousness: The Workspace of the Mind. Oxford University Press, 1997.

Baer, R.: Mindfulness Training as a Clinical Intervention. A Conceptual and Empirical Review. Clinical Psychology: Science and Practice, 2003.

Bandura, Albert: «Teoría del aprendizaje social». Espasa, 1987.

Bandura, A.: «Bases sociales de pensamiento y de acción: la teoría cognitiva social». Englewood Cliffs, N. J. Prentice-hall, 1986.

Barraca Mairal, Jorge: «Análisis y modificación de la conducta». Síntesis, 2014.

Basar, Koray, Thibaut Sesia, Henk Groenewegen, Harry W. M. Steinbusch, Veerlo Visser-Vandewalle, adn Yasin Temek.; «Nucleus Accumbens and Impulsivity». Progress in Neurobiology, 2010.

Bays, Jan Chozen: «Comer atentos». Shambhala, 2015.

Beck, Gregory, Gail, Habicht: «Immunity and the Invertebrates». Scientific American, 1996.

Beck er, C. B., y Zayfert, C.: «Integrating DBT-based techniques and concepts to facilitate exposure treatment forPTSD». Cognitive and Behavioral Practice, 2001.

Berger A, Kofman O, Livneh U, Henik A.: «Perspectivas multidisciplinarias sobre la atención y el desarrollo de la autorregulación». Progresos en neurobiología. 2007.

Berkman, N. D., Lohr, K. N., y Bulik, C. M.: «Outcomes of Eating Disorders». International Journal of Eating Disorders, 2007.

Brefczynsky-Lewis, J. A.; Lutz, A.; Schaefer, H. S.; Levinson, D. B.: Davidson, R. J.: Neural Correlates of Attentional Expertise in Long-term Meditation Practitioners. Proceedings of the National Academy of Sciences of the United States of America, 2007.

(Brefczynski-Lewis JA, Lutz A, Schaefer HS, Levinson DB, Davidson RJ. Correlaciones neuronales de la experiencia atencional en practicantes de meditación a largo plazo. Procedimientos de la Academia Nacional de Ciencias. 2007).

Bien, T.: «Mindfulness y psicoterapia». Kairós, 2010.

Boutros, N.J.: The thalamus. Clinical EEG and Neuroscience, vol. 39(1), 2008.

Brefczynsky-Lewis, J.A.: Lutz, A.: Schaefer, H. S.; Levinson, D. B.; Davidson R.J.: Neural Correlates of Attentional Expertise in Long-term. Meditation Practitioners, Proceedings of the National Academy of Sciences of the United States of America, 104, 11483-11488; 2007.

Brown, K. W., y Ryan, R. M.: «The benefits of being present: mindfulness and its role in psychological well-being». Journal of Peresonality and Social Phychology, 2003.

Cabero, M.: «El Coaching Emocional». UOC, 2008.

Cajina, G.: «Rompe tu Zona de Confort». Onirio, 2013.

Carril, J.: «7 hábitos de mindfulness para el éxito personal y profesional». Kolima Books, 2018.

Castanyer, Olga: «La asertividad: expresión de una sana autoestima». Desclée de Brouwer, 1996.

Catalá. J. A. y Penim, A. T.: «55 Herramientas de Coaching». Lidel, 2018.

Cook, J.: «Coaching Efectivo». McGraw-Hill, 2000.

Craig, A.D., Reiman, E.M.; Evans, A. & Bushnell, M.C.: «Functional imaging of an illusion of pain». Nature, 1996.

Cudeiro J. Rivadulla-Fernández J.C.: «El tálamo: una puerta dinámica a la percepción». Revista de Neurología, 2002.

Damasio, A.: «El error de Descartes». Destino, 2011 (1ª ed., 1994).

Darwin, Charles: «La expresión de las emociones en los animales y en el hombre». Laetoli, 2009.

David Simon, Deepak Chopra: «Libre de Adicciones». Obelisco, (1ª ed., 2019).

Davidson, R., Begley, S.: «El perfil emocional de tu cerebro». Destino, 2012.

Davidson, R.J., et al.: «Alterations in brain and inmune function produced by minsfulness meditation». Psychosomatic medicine, vol. 65, nº 4, 2003.

Davidson, R.J.; Kabat-Zinn, J; Shumacher, J.; Rosenkranza, M.; Muller, D.: Santorelli, J.; Urbanowski, F; Harrington, A.: Bonus, K.; Sheridon, J.: Alterations in Brain and Immune Function Produced by Mindfulness Meditation. Psychosomatic Medicine, 2003.

Davidson, R.J.; Kabat-Zinn, J; Shumacher, J.; et. al.: «Alterations in brain and immune function produced by mindfulness meditation». Psychosomatic Medicine, 2003.

Davidson, R. J., y Harrington, A.: Visions of compassion. Oxford University Press, 2002.

Davis, M. Mckay, M. Eshelman, E. R.: «Técnicas Autocontrol Emocional». Martínez roca, 1986.

Davis, R., y Jamieson, J.: «Assessing the functional nature of binge eating in the eating disorders». Eating Behaviors, 2005.

Descubren el interruptor cerebral de la ansiedad. Tendencias 21. Febrero, 2018. http://tendencias21.levante-emv.com/descrubren-el-interruptor-cerebral-de-la-ansiedad_a44370.html

Deshimaru, T.: «La práctica del zen». Kariós, 1979.
Díaz, A.: «Teorías de las emociones». Innovación y experiencias educativas, 2010.
Dilt, R.: «Coaching. Herramientas para el cambio». Urano, 2004.
Dispenza, Joe: «Desarrolla tu cerebro». La esfera de los libros, 2008.
Fernández-Espejo, E.: «¿Cómo funciona el nucleus accumbens?». Rev. Neurol, 2000.
Fernández, E.G.; García, B.; Jiménez, M.P.; Martín, M.D. y Domínguez, F.J.:«Psicología de la emoción». Editorial Universitaria Ramón Areces: Madrid, 2010.
Frankl, Viktor: «El hombre en busca de sentido». Herder, 2013.
García-Camba, E.: «Avances en trastornos de la conducta alimentaria. Anorexia nerviosa, bulimia nerviosa, obesidad». Elsevier, 2001.
Gardner, Howard: «Inteligencias múltiples: la teoría en la práctica». Paidós, 2011
Goldvarg, D.: «Competencias del Coach Aplicadas». Granica, 2012.
Goleman, D.: Meditation and Consciousness: An Asian Approach to Mental Health. American Journal of Phsychotherapy, 1976.
Goleman, D.: «El cerebro y la inteligencia emocional, nuevos descubrimientos». Ed. Ediciones B, S.A., 2013.
Goleman, D.: «Inteligencia Emocional». Kairós.
Gutiérrez, A. L., & Solís, F.O.: «Desarrollo de las Funcionas Ejecutivas y de la Corteza Prefrontal». Revista Neuropsicología, Neuropsiquiatría y Neurociencias, 2011.
Hales, S. E.: «Tratado de psiquiatría clínica». Masson, 2008.
Hayes, S. C.: «Acceptance, mindfulness, and science». Clinical Psychology: Science and Practice, 9(1), 2002.
Hayes, Steven C.; Strosahl, Kirk D., y Wilson, Kelly G.: «Terapia de aceptación y compromiso: proceso y práctica del cambio consciente (mindfulness)». Desclée de Brouwer, 2014.
Hebb, D. O.: The Organization of Behavior: A Neuropsychological Theory. Psychology Press, 2002 (1.ª ed., 1949).
Irarrázaval, Leonor: «Psicoterapia basada en el mindfulness». Psiquiatría Universitaria, 2010.

Isabel Sousa & David Gómez: «Neurociencia Aplicada al Coaching. Método Neurogrowth». www.triunfacontulibro.com, 2020.

Kabat-Zinn, J.: «Mindfulness para principiantes». Kairós, 2013.

Kabat-Zinn, J.: «La práctica de la atención plena». Kairós, 2007.

Kabat-Zinn, J., J. Sellers, W., y Santorelli, S. F.: Sympton Reduction in Patients Following Stress Management Trainning. The Association for Advancement Of Behavioral Therapy, Chicago, 1986.

Kabat-Zinn, J.: Mindfulness-Based Interventions in Context: Past, Present and Future. Clinical Psychology, Science and Practice, vol. 10, 2003.

Kabat-Zinn, J.: Vivir con plenitud las crisis: cómo utilizar la sabiduría del cuerpo y de la mente para afrontar el estrés, el dolor y la enfermedad. Kairós, 2004.

Kabat-Zinn, J.: Mindfulness en la vida cotidiana: donde quiera que vayas, ahí estás. Paidós, 2009.

Kandel, E. R.: «Principios de Neurociencia». 1º edición. McGraw-Hill, 2001.

Kasamatsu, A.: Hirai, T.: «An electroencephalographic study on the zen meditation (zazen)». Journal of the American Institute of Hypnosis, 1973.

Kashdan, Todd B.: «Mindfulness, aceptación y psicología positiva». Obelisco, 2014.

Kenny, M. A. y Williams, J. M. G.: «Treatment-resistant depressed patients show a good response to Mindfulness-based cognitive theraphy». Behaviour Research &

Kristeller, J. L., y Hallett, C. B.: «An exploratory study of a meditation-based intervention for binge eating disorder». Journal of Health Psychology, 1999.

Launer, V.: «Coaching: un camino hacia nuestros éxitos». Pirámide, 2007.

Lazar, Sarah W.: Meditation Experience is Associated with Increased Cortical Thickness. Neuroreport, vol. 16 nº 17, nov. 2005.

LeDoux, J.: «El cerebro emocional». Ariel/Planeta, 1999.

Leiner, H. C., Leiner, A. L. & Dow, R. S. Cognitive and language functions of the human cerebellum. Trends Neuroscience.

Levy, N.: «La sabiduría de las emociones». Sudamérica S. A., 1999.

Linehan, M. M., Schmidt, H., Dimeff, L. A., et al.: «Dialectical behavior therapy for patients with borderline personality disorder and drug dependence». American Journal of Addictions, 8, 1999.

Lutz, A.; Greischar, L.; Rawlings, N.; Ricard, M.; Davidson, R. J.: Long-term Meditators Self-induce High-amplitude Gamma Synchrony During Mental Practice, PNAS, 2004.

(Lutz A, Greischar L, Rawlings NB, Ricard M, Davidson RJ. Los meditadores a largo plazo autoinducen una sincronía de alta amplitud durante la práctica mental. Procedimientos de la Academia Nacional de Ciencias. 2004).

Lutz A, Dunne JP, Davidson RJ. Meditación y neurociencia de la conciencia: una introducción. En: Zelazo PD, Thompson E, editores. El Manual de Conciencia de Cambridge. Prensa de la Universidad de Cambridge; 2006.

MacLean, P.D.: «The triune brain in evolution: Role in paleocerebral functions». Springer Science & Business Media, 1990.

Maslow, Abraham: «A Theory of Human Motivation». Merchant Books, 2013.

McManus, P.: «Cómo hacer Coaching». Impact Media, 2009.

Michalak. J.; Troje, N., y Heidenreich, T.: «Embodied effects of mindfulness based cognitive therapy». Journal of Phychosomatic Research, 2010.

Miedaner, T.: «Coaching para el éxito». Ediciones Urano, S. A., 2002.

Miserachs, D., et al.: «La adrenalina: un sistema endógeno de modulación de la memoria». Psicothema, vol. 7, 1995.

Muradep, L.: «Coaching para la Transformación Personal». Granica, 2012.

Murphy, Michael, y Donovan, Steven: The Physical and Psychological Effects of Meditation, Institute of Noetic Sciences, 1997.

Nathaniel Branden: «Los seis pilares de la autoestima». Paidós, 2021.

Neff, Kristin: «El poder de la autocompasión: sé amable contigo mismo». Oniro, 2012.

O Connor, J., LAGES A. Coaching con PNL: «Guía práctica para obtener lo mejor de ti mismo y de los demás». Urano, 2005.

Overton, A., et al.: «Eating disorders - The regulation of positive as well as negative emotion experience». Journal of Clinical Psychology in Medical Settings, 2005.

Payne, Wayne: «A Study of Emotion: Developing Emotional Intelligence». Dissertation Abstracts International, 1985.

Phelps EA.: «Human emotion and memory: interactions of the amygdala and hipocampal complex». Current Opinion Neurobiology, 2004.

Phelps EA., LeDoux J.E.: «Contribution of the amygdala to emotions processing: form animal models to human behavior». Neuron, 2005.

Pineda, María: «El libro de las Relaciones, Mia Astral. Planeta, 2017.

Poldrack RA. Sistemas neuronales para el aprendizaje de habilidades perceptivas. Revisiones de neurociencia cognitiva y conductual. 2002.

Ramel, W., Goldin, P. R., Carmona, P. E., y McQuaid, J. R.: «The effects of mindfulness meditation on cognitive processes and affect in patients with past depression» Cognitive Theraphy & Research, 2004.

Ramírez, G.: «Claves del Coaching». Independent Publishing Platform, 2015.

Ravier, L.: «Arte y Ciencia del Coaching». Dunken, 2006.

Redolar Ripoll, D.: «Neurociencia cognitiva». Ed. Médica Panamericana, 2014.

Rizzolatti, G.: «Las neuronas espejo: los mecanismos de la empatía emocional». Paidós Ibérica, 2006 (1ª. Ed., 1996).

Roy A.K., Shehzad Z, Margulies D.S., et al.:«Functional connectivity of the human amygdala using resting state fMRI». Neuroimagen, 2009.

Rubia, F.J.: «El cerebro espiritual». Ed. Fragmenta Editorial, 2015.

Saavedra J., Díazz W., Zúñiga L., Navia C., Zamora T. Morfolia. Correlación funcional del sistema límbico con la emoción, el aprendizaje y la memoria, vol.7, nº2, 2015.

Salamone, J.D.; Correa, M.; Mingote, S. & Weber, S.M.: Nucleus Accumbens Dopamine and the Regulation of Effort in Food-Seeking Behavior: Implications for Studies of Natural Motivation, Psychiatry and Drug Abuse. Journal of Pharmacology and Experimental Therapeutics, 2003.

Salter, Andrew: Conditioned Reflex Therapy. Wellness Institute, 2001.

Santorelli, S.: Heal Thy Self: Lessons in Mindfulness in Medicine. Bell Tower, 1999.

Schmidt, L. A.: «Special Issue on Affective Neuroscience: Introductory remarks». Brain and Cognition, 2003.

Slagter HA, Lutz A, Greischar LL, Francis AD, Nieuwenhuis S, Davis JM, Davidson RJ.: «El entrenamiento mental afecta el uso de recursos cerebrales limitados». PLoS Biology. 2007.

Segal, Z. V.; Teasdale, J. D., y William, J. M. G.: Terapia cognitiva de la depresión basada en la nueva consciencia plena. Desclée de Brouwer, 2006.

Segal, Zindel V.: Terapia cognitiva basada en el mindfulness para la depresión. Kairós, 2015.

Siegel, R. D.: La Solución mindfulness: prácticas cotidianas para problemas cotidianos. Desclée de Brouwer, 2011.

Simón, V.: «Mindfulness y neurobiología». Revista de Psicoterapia, 2006.

Slagter, H. A.; Lutz, A.; Greischar, L.; Francis, A. D.; Nieuwenhuis, S.; Davis, J. M.; Davidson, R. J.: «Mental Training Affects Distribution of Limited Brain Resources. PLoS Biology, 2007.

Stephen R. Covey: «Los 7 Hábitos de la Gente Altamente Efectiva». Booket, 2018.

Suzuki, S.: Mente zen, mente de principiante. Gaia. 2014.

Teasdale, J.D., y Mayberg, H.: «Mindfulness-based cognitive therapy for depression: Replication and exploration of differential relapse prevention effects». Journal of Consulting and Clinica Psychology, 2004.

Teasdale, J. D., y Segal, Z. V.: «Prevention of relapse/recurrence in major depression by mindfulnessbased cognitive therapy». Journal of Consulting and Clinical Psychology, 2000.

Timmann, D., Drepper, J., Frings, M., Maschke, M., Richter, S., Gerwing M., & Kolb, F.P.: «The human cerebellum contributes to motor, emotional and cognitive associative leraning». Cortex, 2010.

Tirapu-Ustárroz, J., Luna-Lario, P., Igelsias-Fernández, M.D., & Hernández-Goñi, P.: «Contribución del cerebelo a los procesos cognitivos: avances actuales». Revista de Neruología, 2011.

Werner, Emmy: «Resiliencia en el Desarrollo». Current Directions in Phychological Science, 1995.

Whitmore, J.: «Coaching. El método para mejorar el rendimiento de las personas». Paidós, 2003.

ESTUDIOS Y MÁS REFERENCIAS BIBLIOGRÁFICAS

Chiesa A, Serretti A. Are mindfulness-based interventions effective for substance use disorders? A systematic review of the evidence. Subst Use Misuse. 2014.

Constantino Méndez-Bértolo, Stephan Moratti, Rafael Toledano, Fernando López-Sosa, Roberto Martínez-Álvarez, Yee H Mah, Patrik Vuilleumier, Antonio Gil-Nagel y Bryan A Strange. «A fast pathway for fear in human amygdala», Nature Neuroscience, 13 de junio de 2016. DOI: 10.1038/nn.4324.

Bryan Strange y Stephan Moratti dirigieron a Constantino Méndez-Bértolo en su beca predoctoral PICATA desarrollada en el Campus de Excelencia Internacional Moncloa (UCM-UPM).

David Raya, Trabajo Final de Máster Universitario en Psicología General Sanitaria, Universidad Jaume I. Intervenciones basadas en mindfulness aplicadas a trastornos de la conducta alimentaria. Una revisión bibliográfica.

Lutz, Greischar, Rawlings et al., 2004.

Laura Gil Martínez, Trabajo Fin de Grado en Nutrición Humana y Dietética. Facultad de Ciencias de la Salud Blanquerna. Efectividad del programa Mindfulnes-Based Eating Awareness Training (MB-EAT) en comparación con la Terapia Cognitivo-Conductual (TCC) en población adolescente con Normopeso y trastorno por atracón.

Mindfulness: General concepts, psychotherapy and clinical applications. Edgar R.

Hector Morillo1, Javier García Campayo.: ALIMENTACIÓN CONSCIENTE, Psicosomática y psiquiatría, 2017.

H.J.E.M. Alberts, R.Thewissen L., Raes, Dealing with problematic eating behaviour. The effects of a mindfulness-based intervention on eating behaviour, food cravings, dichotomous thinking and body image concern. Elvesier, 2012.

Susan Albers, Using mindful eating to treat food restriction: a case study. Eating Disorders, 2011.

Sara J Sagui-Henson, Rachel M Radin, Kinnari Jhaveri, Judson A Brewer, Michael Cohn, Wendy Hartogensis, Ashley E Mason. Negative Mood and Food Craving Strength Among Women with Overweight: Implications for Targeting Mechanisms Using a Mindful Eating Intervention, 2021, Mindfulness (N Y).

Jacobs, Cardaciotto, Block-Lerner y McMahon, 2013.

Susan Albers, Using mindful eating to treat food restriction: a case study. Eating Disorders, 2011

Terrah Keck-Kester, Lina Huerta-Saenz, Ryan Spotts, Laura Duda, Nazia Raja- Khan.: Do Mindfulness Interventions Improve Obesity Rates in Children and Adolescents: A Review of the Evidence. Diabetes, síndrome metabólico y obesidad: dianas y terapia, 2021.

The Physical and Psychological Effects of Meditation (1997). International Journal of Neuroscience - Robert K. Wallace.

Asimov, I., (1982). Asimov's Biographical Encyclopedia of Science and Technology (2nd Revised Edition). Garden City, New York: Doubleday.

Collier, P.F., Oath and Law of Hippocrates (1910). Harvard Classics, Volume 38 <gopher.//ftp.std.com//00/obi/book/Hippocrates/Hippocratic.Oath>

Debus, A.G., (1968) World Who's Who In Science: A Biographical Dictionary of Notable Scientists from Antiquity to the Present. Chicago: Marquis

Hippocrates. Encyclopedia Britannica <http://www.eb.com/Hippocrates>

Hippocrates Web Page. Asclepeion Hospital - Athenas <http://www/forthnet.gr.asclepeion/hippo/htm>

Hippocrates: The "Greek Miracle" in Medicine. Ancient Medicine <http://web1.ea.pvt.K12.pa.us/medant/hippint.htm#history>

Porter, R., (1994). The Biographical Dictionary of Scientists. Second Edition. New York: Oxford University Press.

Penfield, W. The Mystery of the Mind (1978). Princeton: Princeton University Press.

WEBS DE CONSULTA Y REFERENCIA

www.psicologiaymente.com

https://www.psicologiaamorebieta.es/hambre-emocional/

www.miastral.com

https://www.who.int/publications/i/item/9789240031029

https://www.siis.net/documentos/ficha/567706.pdf

https://www.who.int/es/news/item/08-10-2021-who-report-highlights-global-shortfall-in-investment-in-mental-health

http://ghdx.healthdata.org/gbd-results-tool?params=gbd-api-2019-permalink/d780dffbe8a381b25e1416884959e88b

https://www.who.int/data/gho/data/indicators/indicator-details/GHO/prevalence-of-obesity-among-adults-bmi-=-30-(age-standardized-estimate)-(-)

https://www.who.int/es/news-room/fact-sheets/detail/depression
https://www.thelancet.com/journals/lancet/article/PIIS0140-6736(21)02143-7/fulltext
https://www.efesalud.com/trastornos-conducta-alimentaria-punta-iceberg/
https://anad.org/eating-disorders-statistics/
https://jamanetwork.com/journals/jamapsychiatry/fullarticle/1107207
https://www.seedo.es/images/site/comunicados_medios/NP_Un_44_de_espan%C3%9Eoles_ha_aumentado_de_peso_durante_el_confinamiento_Ok.pdf
https://elpais.com/elpais/2018/05/28/buenavida/1527522543_389263.html Cita: Dr. Ramón de Cangas.
https://www.mindfulness-salud.org/mindfulness/que-es-mindfulness/
https://pnlnexos.jimdofree.com/2010/08/10/entrenamiento-neuro-asociativo/
https://www.ncbi.nlm.nih.gov/pmc/articles/PMC2944261/
https://pubmed.ncbi.nlm.nih.gov/17596341/
https://pubmed.ncbi.nlm.nih.gov/15534199/
https://pubmed.ncbi.nlm.nih.gov/15534199/
https://pubmed.ncbi.nlm.nih.gov/17596341/
https://www.ncbi.nlm.nih.gov/pmc/articles/PMC7711731/
https://www.ncbi.nlm.nih.gov/pmc/articles/PMC7680349/